WEST POINT

BOY YOU MUST LEARN TO BE STRONG

男孩，
你要学会强大自己

西点军校送给男孩的"男人课"

张振华◎编著

北京理工大学出版社

BEIJING INSTITUTE OF TECHNOLOGY PRESS

图书在版编目(CIP)数据

男孩,你要学会强大自己 / 张振华编著. —北京:北京理工大学出版社,2017.5
(2025.4重印)

ISBN 978－7－5682－3829－8

Ⅰ.①男… Ⅱ.①张… Ⅲ.①男性-成功心理-青少年读物 Ⅳ.①B848.4－49

中国版本图书馆 CIP 数据核字(2017)第 053265 号

出版发行 / 北京理工大学出版社有限责任公司

社　　址 / 北京市海淀区中关村南大街 5 号

邮　　编 / 100081

电　　话 / (010)68914775(总编室)

　　　　　(010)82562903(教材售后服务热线)

　　　　　(010)68944723(其他图书服务热线)

网　　址 / http://www.bitpress.com.cn

经　　销 / 全国各地新华书店

印　　刷 / 三河市华骏印务包装有限公司

开　　本 / 710 毫米 × 1000 毫米　1/16

印　　张 / 16

字　　数 / 214 千字

版　　次 / 2017 年 5 月第 1 版　2025 年 4 月第 31 次印刷

定　　价 / 36.00 元

责任编辑 / 秦庆瑞

文案编辑 / 秦庆瑞

责任校对 / 周瑞红

责任印制 / 施胜娟

前　言

成为一个顶天立地的男子汉，是每个男孩从小到大的梦想，但怎样才能实现这个梦想呢？

西点军校为美国培养了数不胜数的杰出人才，其中男性占了绝大多数，而在这些杰出人物的身上，无不闪烁着顶天立地的男子汉的种种可贵品格。

男孩们，20 岁之前的你们在父母眼中还是孩子。但是，在你们看来，自己俨然已经是男子汉预备役中的一员了，甚至可以被称为年轻的男人。

你们需要真正能够带领自己前行的偶像，渴望知道那些闪闪发光的人物究竟经历了怎样的事情。

这本书会解答你的众多疑问。

这里面的经验和教训出自于闻名世界的培养男子汉的高等学府——西点军校，它是无数热血英雄和闻名世界的成功者的摇篮。

西点军校于 1802 年 7 月 4 日建成，全称是"美国陆军军官学校"。它坐落在美国纽约市以北的哈得孙河谷，因为学校所处的地理位置被当地人叫做"西点"，所以人们就习惯性地把该校称为西点军校。

西点军校建校 200 多年来，培养了大批英才。很多毕业于西点的学员，都成为了美国社会各界的领袖，或是对人类有着深远影响的杰出人物。

西点军校素来就有"将军的摇篮"的美誉。西点军校的毕业生有将近 4 000 人荣获了将军军衔，许多美军名将均毕业于该校，比如南北战争时期北方联邦军将领威廉·特库姆塞·谢尔曼、太平洋盟军统帅麦克阿瑟和巴顿将军等。

同时，西点军校也是造就政界和商界奇才的摇篮。美国第十六任总统林肯，第三十四任总统艾森豪威尔，以及前国务卿鲍威尔将军也都毕业于西点军校。在世界500强企业中，有1 000余名董事长，2 000余名副董事长，5 000余名总经理级别的高管都是从西点军校走出来的。比较知名的有国际电话电报公司总裁艾拉斯科、军火大王杜邦、美国第一商务公司董事长霍夫曼、美国在线创始人金姆塞等。西点也因此有了"全球最优秀的职场精英培训学校"的美誉。

此外，西点培养出的毕业生有很多成为美国的教育家、科学家和各界魁首。

看到西点如此骄人的成绩，你们可能会感到好奇：到底是什么成就了如此多的西点精英？是什么使西点毕业生成为成功人士的代名词？众多西点毕业生得出的结论是：西点军校的教学理念和法则让他们有了现在的成就。

西点军校不但重视对学员知识、学术和能力的传授，而且对培养学生品格、品行和品德也是从不忽视。对于西点来说，没有学识的人是愚蠢的，没有勇气的人是可悲的，没有体质的人是可怜的，没有品行的人则是危险的。

所以，西点军校的行为准则是"没有任何借口"，它告诉学员们：任何借口都是推卸责任的表现，即使遇到再大的困难，也没有绝对解决不了的。西点军校强调执行能力，它教导学员们：拥有理想只是一种智力，实现理想才是一种能力。如果总是空想，不付诸行动，理想永远只是空中楼阁、海市蜃楼，遥不可及。

西点赞同"不想当将军的士兵不是好士兵"，所以它为强者创造机会，认为机会只眷顾时刻准备着的人，有能力的人才会抓住机遇。西点的思想准则是"责任是一种使命"，它传授给学员们的理念是：没有做不好的事情，只有不负责任的人，敢于承担责任是证明自己的最佳方式。

西点军校没有忽略培养学员们注意细节，留心做好身边每件小事的习惯，因为细节决定成败；"永不满足"是西点军校的进取准则，它让学员们意识到：只有不断超越自己，才能不被淘汰，做一名好士兵、好员工；

西点军校将荣誉视为生命，它强调做人应该光明磊落，踏踏实实；西点崇尚团队精神，认为团队的力量是个人无法比拟的……西点的莘莘学子正是因为严格地追求和执行着这些法则和理念，将其作为自己处世的重要行为标准，才成就了杰出的自我，并逐步走向成功。

成功者的素质是能够后天培养的，精英的一切特质也是可以借鉴学习的。西点军校的法则对任何一个渴望成功的人都有着巨大的指导意义，它的每一条理念都蕴涵着发人深思的道理，值得我们研究、思考和学习。

作为男人预备役阶段的男孩，从这本书中不仅能获得人生启示，更重要的是能够获知从平庸走向卓越的奥秘。

学习西点人的精神和处世准则，并将其运用到实际生活中，就会像西点人一样最终脱颖而出。通过努力，你也可以拥有一个闪耀的人生。

男孩们，在阅读完本书后，你们就可以向自己的父母宣告："我，已经长大了！"

目　录

第六章　把握机会——机遇掌握在自己手中

第七章　善用智慧——智力就是竞争力

第八章　拓展人脉——得人脉者得天下

第九章 坚持学习——不管你有多强大，依然需要提升

第十章 追求卓越——全力以赴就没有什么不可能

第一章

树立目标
——目标有多大，你就有多成功

1. 没有目标的船只能随波逐流
—— 成功从选定目标开始

在西点军校的教材中有这样一个故事：

一支远征军正穿过一片白茫茫的雪域时，一个士兵突然很痛苦地捂住了双眼喊道："上帝啊！我什么也看不到了！"几天之后，几乎所有的士兵渐渐也患上了这种怪病。

这件事在军事界引起了轩然大波，大家纷纷猜测士兵们失明的原因在哪里，直到最后人们才知道真相，原来导致士兵失明的不是外部环境的恶劣，而是他们自己的眼睛。

人的眼睛有个共同的特点，就是不知疲惫地搜索与观察世界，会不断地从一个点落到另一个点，假如经过长时间的搜索之后，眼睛找不到任何一个落点，就会因为过度紧张而导致失明。白茫茫的雪域中，士兵找不到任何一个确定的落点和目标，从而使得眼睛失明。

人生也是如此，没有目标，一个人的前途就如同坠入伸手不见五指的黑暗，没有方向可去，只能在原地打转，而如果目标太多也如同没有目标一样。

所谓目标，就是一个人要达到的一种状态或者未来想实现和拥有的东西。当你上幼儿园时，老师一定问过你这样一个问题：你的理想是什么？有人说画家，有人说作家，有人说科学家。但是你还记得自己当初的回答吗？

目标、理想、梦想、愿望是很多男孩都喜欢谈论的东西，但是在你还未成长为男人之前，当别人问起你的理想之时，你是否也很潇洒地说上一句——别跟我谈理想，戒了！其实，不管怎样，你依然还相信理想，只是想展示一下自己曾经为理想受过伤，否则"理想"二字就如同怪力乱神一样，在你的人生词典中早已被彻底删除。

有科学家曾经做过一个实验：将一些毛毛虫放在花盆的边沿，让它们首尾相接，然后让它们一条挨着一条爬行，结果这些毛毛虫就沿着花盆转圈，一圈接着一圈，乐此不疲、无休无止。

毛毛虫的这种行为是盲目且毫无意义的，因为它们没有思想，不会去思考转圈的目的何在。如今很多男孩的生活就如同毛毛虫一般，年复一年、日复一日地学习——考试——学习，却不知道为了什么而学，为了什么去努力，那就更谈不上所谓的成功了，这就是没有目标的悲哀。

人就像一条航行的船，在人生的浩瀚海洋中，大约有95%的船是无舵船，他们总是漫无目的地四处漂泊，面对风浪海潮的起伏不定，他们束手无策，任其摆布，结果不是撞礁就是触岩。

还有5%的人有目标、方向，而且还研究了航海技巧，这些船从此岸到彼岸，有计划地航行，那些无舵船航行了一辈子的距离，他们只用了十几年甚至三五年就到达了。

"我的人生只有两条路，要么赶紧死，要么精彩地活着。"这是在"中国达人秀"的舞台上，一个戴着黑框眼镜的瘦弱男孩说出的话，在很长一段时间内深深感动了很多人，并被无数年轻人当做榜样，将这句话作为自己的座右铭，并迅速成为网络流行语。

他的名字叫刘伟，是一个两袖空空的无臂男孩。他没有双手，却用脚趾头弹奏出了世间最动听的乐曲，连主持人王小丫也不禁赞叹说："这是我听到的最美的声音，听到琴声，我在想，我们四肢健全，我们能用到的一个词就是震撼。"

他的事迹也迅速吸引了美联社、CNN、路透社、朝日新闻、NHK及德国、西班牙、新加坡等地的媒体，他成了不折不扣的世界"达人"。

当年10岁的刘伟在玩捉迷藏的时候，不幸触电，强大的电流穿过他的身体，烧伤了他的双臂和半只大脚趾，从此他变得少言寡语、消沉，甚至痛不欲生、万念俱灰，直到他见到一位和他同样失去双臂的画家，他才被感动，重燃起生的希望。

接着，他用脚学写字、吃饭等，还苦学游泳。由于没有双臂，身体失去平衡，在水中很难抬头，为此呛了不少水，但在短短的两年后，他用惊人的毅力，在全国残疾人游泳锦标赛上夺得两金一银。

高考前夕，刘伟突然对父母说，想放弃高考学音乐，他的梦想是成为一个优秀的音乐人，甚至还为此做了具体的规划：在家写歌赚钱、开音乐酒吧……

因此，他拥有了人生中的第一架钢琴，可是迈出梦想的第一步远非那么容易，琴椅比琴键矮，把脚抬上去，人就摔下来，而且大脚趾比琴键宽，总是按连音。最困难的是，五个手指头可以自由张开弹琴，而脚趾头根本不可能做到。

但无论有多少困难等着他，他依然没有退却，朝着自己的目标前进。三年后，他的钢琴演奏水平达到了七级。

如今的刘伟不仅能弹琴，还能作曲、编曲和填词，连四大天王之一的刘德华都请他为自己的《美丽回忆》这首歌填词，他还开了属于自己的音乐主题酒吧。

失去双臂的刘伟依然接连不断地创造奇迹，他认为，一个人的梦想可以五花八门，也可以天马行空，他坚信——有梦就好！

有梦就有希望，就有未来。一个人最怕的不是身体残疾，而是意志和思想的"残疾"，失去了自己的方向与目标。

因此，西点军校的招生口号是：我们将不断地挑战和磨炼你，促使你努力成为一个全面发展的领袖人物。西点的学员就冲着这口号而来，这成了每个学员的目标。他们目标远大，旨在成为一个全面发展的人才，能经受得住磨炼和挑战的领袖。

不是每个人的目标都是成为领袖一样的人物，但是有坚定的目标就有了催人奋进的力量，人生才过得有意义，才能实现自己所渴望的成功。

首先，目标可以产生积极性。当你给自己定下目标之后，它就成了努力的依据和对你的鞭策。目标就像一个看得见的射击靶。

其次，目标可以让你学会安排事情的轻重缓急。曾经有则新闻报道说，三百条鲸鱼在追捕沙丁鱼时被困在了海湾里，巨大的鲸鱼竟然被小小的沙丁鱼带向了死亡。鲸鱼是因为追逐小的利益而死，为了微不足道的目标耗尽了全身的能量。

没有目标的人，就像鲸鱼一样，有着巨大的力量与潜能，却总是把精力放在小事情上，这些小事让他们忘记了自己原本应该做什么。

没有目标，就会很容易被日常琐事所埋没。一个人如果忘记了自己的目标，就会成为琐事的奴隶，所以有人说："智慧就是懂得该忽略什么东西的艺术。"

再次，目标可以让你轻松把握现在。大目标是一连串小任务和步骤组成的，任何目标的实现都是小目标逐步实现的累积。如果你能够努力地做好现在的事情，努力学习和完善自我，懂得现在所做的一切都是为了实现目标所铺路，那么你就可以成功。

如果你只是怀揣宏伟目标的昏昏欲睡的梦想家，那么等你梦醒了，也就只剩下想家了。

成功箴言：有目标强似没目标，哪怕这个目标微不足道。

2. 志向决定发展格局
—— 理想的高度决定生命的高度

众所周知，西点学生的起点都比较高，也正因为如此他们才会拥有更高的志向，西点今日的辉煌也是他们用自己的努力创造出来的。高起点的志向就像成功道路上的一盏明灯，引导这条路上的人们永远朝着前方的光明前进。

现代空军之父亨利·哈里·阿诺德的父亲是个医生，他希望阿诺德子承父业，但是阿诺德却另有志向。他经过慎重的考虑，于1903年考入有着"将军的摇篮"之称的西点军校。他曾担任过美国陆军航空队司令和副参谋长，为美国建立独立的空军奠定了坚实的基础。

拥有过五星上将军衔的高级指挥官，在美国历史上是屈指可数的，一共只有10名。而且只有陆军和海军有这一衔级，由于第二次世界大战时期美国没有独立的空军，自然空军也就不会拥有这一衔级。

当时阿诺德是陆军航空兵的总司令，于1944年12月与马歇尔等同时被授予陆军五星上将。而后，在美国空军成立两年之际，阿诺德又被授予空军五星上将。由此，他便成为美国历史上唯一一个拥有两个军种五星上将的军人。

正因为阿诺德有考入西点军校的远大志向并努力使之实现，才使他以后的人生格局发生了质变。

在目标的带动下，时刻为理想而奋斗的男孩，自然就会有梦想实现的那一天。要想获得成功，必须有远大的志向，并且脚踏实地地坚持下去，即便是不成功也会获益匪浅。

在四十年前的印度尼西亚首都雅加达的一所小学里，三年级的语文女教师西纳加在下课前给学生们布置了一篇作文，题目是"我的志向：长大后想做什么"。

第二天，学生们一一朗读了他们写的作文：有想当医生的，有想当科学家的，还有想当歌唱家的，只有一个胖乎乎、卷发的黑人小男孩在作业本上写着"我长大后要当总统"。当他把这个志向读出来的时候，全班同学哄堂大笑。

原来，这个男孩是全班唯一一个来自美国的黑人学生。在他两岁的时候，父亲就抛弃他们母子离开了家；六岁的时候，母亲带着他移居雅加达，嫁给了这里的一家石油公司的经理，并改名为巴里·索托罗。

当时他们非常贫穷，一家人在一个小矮屋里居住，平时也没有小朋友愿意和这个男孩一起玩，他就自己在旧沙发上玩耍。在邻居们眼里，这个黑人孩子少言寡语，胆子很小，老是黏着自己的母亲，一刻也不离开。由于经济条件不好，父母只好将他送入一所简陋的普通学校就读。同学们给他起了个绰号，叫"胖子巴里"。

这个男孩生在一个贫困的家庭，有着复杂的家庭背景，在简陋的学校里读书，并身为有色人种……有着这些不利外在条件的孩子却想当总统，这不是痴心妄想吗？因此，对于这个男孩将来要当总统的想法，班上的同学感到滑稽可笑，也就不足为奇了。

在这个孩子 10 岁的时候，母亲与继父离婚了，他便又回到了夏威夷，和外祖父母一起生活。当时他们一家老小挤在一个不大的公寓里面，生活十分困难。母亲省吃俭用，就是为了供儿子读书。男孩的外祖父先后做过推销员、保险经纪人等工作，外祖母在银行工作，也都是为了维持这个家的生计。后来这个男孩居然考进了夏威夷普纳后的一所私立学校，这也证明了小家伙是聪明勤奋的。

在此后的四十年里，这个心中一直藏着远大志向的男孩并没有放弃儿时的梦想，先后取得了文学学士学位和法学博士学位，毕业后当上了律师，后来又成为了一名参议员。他一步一个脚印，踏踏实实，终于在 2008 年当选为美国总统，也是美国历史上第一位黑人总统，他就是贝拉克·奥巴马。

"志向是天才的幼苗，经过热爱劳动的双手培育，在肥田沃土里成长为粗壮的大树。不热爱劳动，不进行自我教育，志向这棵幼苗也会连根枯死。确定个人志向，选好专业，这是幸福的源泉。"苏联著名理论家瓦·阿·苏霍姆林斯基如是说。

在西点军校，一位少校的名言一直流传至今："在我的毕业典礼上，讲话人说，在这600名毕业生中，将会有20人成为将军。听后，我环顾四周，想看看那另外的19人都是谁。"

这句话听起来似乎有些狂妄自大，但也从侧面反映了西点人"敢为天下先"的远大志向。

男孩有了志向才会有希望，有了希望也就会有为之奋斗的激情和敢于拼搏的精神。无论是哪个男孩，只要能够为自己的志向锲而不舍，就都能到达理想的彼岸。

有远大的理想，你才会为此全力以赴地去努力去奋斗，没有远大的理想就如放羊娃的愿望"娶妻—生子—让孩子放羊"。如此这般，一生碌碌无为，因此，有人说"理想的高度决定了生命的高度"。

成功箴言：志向是成功的基石，伟大的成就往往来自远大的理想。

3. 目标要明确，信念要坚定
——成功最需要"钉子精神"

西点军校的军规中有这样一条："有什么样的想法就会有什么样的选择，有什么样的选择才会有什么样的生活。"

在这个充满竞争的时代，要想走向成功，就必须学会在起点之前赢得先机。作为智慧之光的信念，在各种各样的竞争中，是制胜的宝典。信念是财富，是资本，因此，拥有了它就等于拥有了成功的契机。

有了明确的目标后，信念就是在那绝望的黑暗中仅存的一丝光亮。电影《肖申克的救赎》讲述的就是这样的故事。

银行家安迪在1947年被指控枪杀了自己的妻子，被判无期徒刑，这也就是说，他将在这个名为"肖申克"的监狱中度过余生。

虽然在最初的几个月里，他深切地体验到了监狱里的黑暗和残暴，但是他一刻也没有放弃过对自由的向往，因为他是清白的，他知道他并不属于这里，所以心中一直都存在着回归自由的强烈信念。

在监狱里，安迪和一个叫瑞德的人关系处得很好，此人因谋杀罪被判终身监禁，安迪请他帮自己弄到一把岩石锤，用来雕刻石头，消磨监狱里的时光。一次，一个新囚犯告诉安迪，他有望洗刷自己的冤屈，于是安迪便向监狱长提出上诉的要求，然而没想到的是，监狱长为了阻止安迪获释不惜设计谋害了知情人。

面对残酷的现实，安迪并没有心灰意冷，反而决定采取行动。原来，对地质方面很有研究的安迪，早就发现牢房的墙其实是很容易挖开的。

于是在将近20年的时间里，在明星海报的掩饰下，他在每晚的同一时间，就用那把岩石锤，挖出了一条逃生之路；为了给狱中的囚犯们争取一座图书馆，他写了6年的信；利用自己的财务知识，使监狱长能够重用自己，并为自己逃生后的生活做了详尽的安排；把一个不识字的青年培养成为一个合格的学生，这一切都是在说长不长、说短不短的20年内完成的。

因为这种争取自由和幸福的信念一直在安迪的心中支撑着他，才使他能够在这个充满黑暗和绝望的环境中坚持下来。

最终，在一个风雨交加的晚上，安迪爬过那个隧道，成功逃出了监狱。安迪出去后的第一件事就是揭发了监狱长的恶行，并且救出了很多含冤入狱的囚犯。

在最易消磨人意志的监狱里，安迪用各种方式提醒自己和周围的人——这个世上还有不用高墙围起的地方，那是任何人都无法触摸得到的，是属于自己心中的那份坚定的信念。影片中瑞德有过这样的一句旁白："有一种鸟是无法被关住的，因为它身上一直都闪耀着自由的光辉！"

有了明确的目标，再加上坚定的信念，每个人都会成为浴火重生的凤凰。只要心中充满胜利的希望，就不会被世俗偏见和艰难困苦所击倒。

赵小兰是美国劳工部部长，也是第一个进入美国总统内阁的华裔。刚刚来到美国的时候，生活十分困难，条件简陋，语言不通还没有朋友。面对这个陌生的环境，赵小兰的座右铭是：相信明天会更好。她从未觉得困难是不可战胜的。

为了这个家和赵小兰的未来，她的父亲同时打着三份工，默默承担着生活的重担，奋力地拼搏着。在美国的中国移民，尤其是第一代移民，为了下一代能过上美好的生活，他们更加努力地工作，付出了更多的艰辛。这给了赵小兰战胜苦难的坚定信念和巨大力量。

华人移民一向都难以进入美国的主流社会。赵小兰的父母也曾经劝她向工程科学领域发展，在这方面语言不会成为太大的障碍，而且华裔有着巨大的发展空间，但她却毅然决然地选择了从政。

赵小兰认为，人只要有信念，敢于选择并勇于坚持，才会拥有他人没有的魄力，从心底勉励自己克服困难，就会知道什么是最重要的，自己想要什么。

几十年过去了，赵小兰凭着"明天会更好"的信念，成就了自己辉煌的事业。她经常鼓励新移民："种族歧视必然是会有的，但关键是不要让这样的挑战击败你。种族歧视并不会击败你，唯一能将你击败的是你自己。"

只要我们心中坚持必胜的信念，不被自己击败，还有什么可以击败你呢？当然，几乎每个人都有过绝望的感觉，它可能是一种无能为力的彻底挫败，是一种走投无路的困顿绝望，是一种从天上掉到地上的巨大反差，是一种刻骨铭心的痛彻心扉，也可能是一种寒风呼啸中看不见任何光明的黑色记忆。

这种种绝望都容易使人破罐子破摔，自暴自弃，自甘堕落。但是，心中装着成功信念的人是永远都不会堕落的，因为他们的脚下踩着坚硬的岩石，是无法堕落的。即使被扔到了北极，照样能在温暖的花丛中悠然自得地晒太阳。因为他们在北极圈里为自己建了一个开满鲜花的温室，在最绝望的时间、地点依然保持乐观的信念，从未放弃过对美丽人生的执着追求。

每个人都是只美丽的蝴蝶，也许只有经过了那些暗无天日的绝望时光，才能最终破茧而出，展现出自己的魅力。

明确了目标，就要坚定自己的信念，只要心中装有强大的信念，我们遇到的那些艰难困苦也就不算什么了，因为我们的"钉子精神"必然会取得最终的成功。

成功箴言：坚定的信念必然会迎来胜利的硕果！

4. 梦在远方，路在脚下
—— 有了目标要立即行动

在西点军校的游泳训练课中，有一个难度比较高的训练项目：学生们必须穿着军服，背上背包，扛着步枪，从数米高的平台上跳进水里，然后在水中解下背包，脱掉鞋子和外衣，并且把这些东西都绑在木板上。

虽然多数学生能够在技术上完成这些动作，但是到了真要背着包袱往下跳时，大多数人都会有些胆怯，他们走到跳板尽头往往会停下脚步，恐慌地看一眼下面的水池。

西点当然不会接受退缩和怯懦，所以这些学生最终只能两眼一闭，横下心一跃而下。

人们有了目标和理想之后，缺少的正是这样一种立即行动的勇气。那些学生在一跃而下的瞬间就会发现，其实没什么可怕的，他们会因为自己下了这样的决心而欢呼雀跃。

有权威机构曾经做过这样的调查："穷人除了钱最缺的是什么？"调查结果显示，穷人不缺帮助和关爱，不缺美貌和住房，他们缺少的是远大的理想，或者可称之为没有野心。因此，除了要敢想，更重要的是要为了这个理想而全力奋斗，只有这样才能越来越靠近成功。

但是仅仅拥有理想也只是"空头支票"，有了理想还必须付诸行动。如果没有行动，理想也只是海市蜃楼，毫无意义。

1994 年初期，互联网刚刚诞生没多久，一个叫杰夫·贝佐斯的年轻人，偶然间注意到了互联网每年高达 2 300% 的成长速率。在普通人看来，这个数据并没有多大的意义，但贝佐斯却看到了电子商务的美好前景。

于是他决定建一个书店，是那种没有中间商的，也就不存在抽头，并利用电脑的虚拟空间来取代店面的租赁和摆设，烦琐的进出货和盘点货物就交给电脑软件处理，由此可以简化传统书店所需的大量人力和物力。

这个念头一经产生，贝佐斯立刻辞去了华尔街一家基金公司副总裁的职务，举家迁往西雅图。贝佐斯在路上就开始用笔记本电脑拟定事业规划书，并且打电话四处筹集资金。亚马逊网络书店在 1995 年 7 月正式成立了。

当年，几乎所有人都认为贝佐斯的想法是理想主义化，是天方夜谭，但是亚马逊网络书店成立后在全世界引起的极大反响是毋庸置疑的。在开店的前 30 天，客户订书的寄送范围就涉及全美 50 个州，以及其他 40 多个国家和地区。

公司成立初期，设立在一个仅有 400 平方英尺①的车库里，半年后，搬到了占地 7 000 平方英尺的仓库里，又过了半年，再次搬迁到 18 000 平方英尺的大型仓库中，员工也从原来的 80 人增长到 180 人，到 1999 年员工突破了 2 000 人。

再详尽和精确的地图，也永远不可能带着它的主人在地面上前进；在一个国家里，再公正完善的法律，也不可能阻止罪恶的发生。任何理想，如果我们不去实行，不付诸行动，永远不可能创造出财富。只有付出行动才能带来结果。

在目标的激励下，时刻为梦想而奋斗的男孩，自然会有梦想成真的一天。没有实现不了的梦想，也没有小到不屑设立的目标。只要朝着梦想前进，就有成功的希望。

成功人士在最初实现自己的理想时，并没有比别人具备更多更好的条件，甚至有时他们所能依托的条件还不如别人。他们和普通人最大的差别是，他们确立了自己的理想后，便立即付诸行动，虽然成功的路上荆棘重生，但这些都阻挡不了他们前进的步伐，他们最终脱颖而出，成为成功

---

①　1 英尺 =0.304 8 米。

人士。

一天，一条毛毛虫朝着日照方向缓慢爬行着，路上它遇到了一只青蛙，青蛙问它要去哪里，毛毛虫一边爬一边说："我昨天晚上做了一个梦，梦见我在山顶上看见了整个山谷的景象。我喜欢梦中美丽的情景，所以我决定将它变为现实。"

青蛙十分惊讶："你脑子进水了吧，你怎么可能爬到山顶上面？你不过是只毛毛虫而已！对你而言，一块石头就是高山，一条小溪就是大海，一棵大树就是无法逾越的障碍。"毛毛虫没有理会青蛙的话，继续往前爬。

毛毛虫依然向前挪动着自己小小的身躯。突然，它听到了兔子的声音，"毛毛虫，你要去哪里啊？"

毛毛虫气喘吁吁地说："我做了个梦，梦见自己爬到了山顶，看见了整个的世界。"

兔子不禁笑道："我弹跳力这么好，都没有这种狂妄的想法，何况是你呢？"毛毛虫并不理会兔子的嘲笑，继续前进。

后来，蜘蛛、蛐蛐和鼹鼠都以同样的口吻劝告毛毛虫放弃这个荒诞的想法，但毛毛虫依然坚持着向前爬行……

终于毛毛虫疲惫不堪，快要坚持不住了。于是，它停了下来，用自己仅存的一点力气建成了一个供自己休息的小窝——蛹。

毛毛虫最后"死了"。

山里面所有的动物都跑来和毛毛虫的遗体告别，那个蛹也仿佛成为理想者的纪念碑。

一天，动物们再次聚集到这里的时候，惊奇地发现，毛毛虫那贝壳状的蛹已经绽裂，一只美丽的蝴蝶飞了出来。顺着轻风吹拂的方向，这只蝴蝶翩翩飞舞到了大山顶上——重生的毛毛虫最终实现了自己的梦想。

每个人都会有理想，但有了理想并不意味着成功，只有像毛毛虫那样，纵然理想遥不可及，还是敢于迈出实现理想的第一步，才真正有机会将理想变为现实。

成功箴言：行动不一定会带来成功，但没有行动就注定不会成功。

5. 每天进步一点点
—— 小目标的累积是大理想的达成

成功的取得离不开无数个小目标的实现，积少成多，每个小目标的积累就是大理想的达成。没有一个成功者不是扎扎实实、一步一个脚印走出来的。

虽然西点军校的学生是从万千人中挑选出来的精英人才，但并不是每个人毕业之后都能获得骄人的成绩。从进入西点军校的那一刻起，每个人都恢复为"零"，只有日积月累，每天进步一点点，才能一步步接近成功。

罗伯·舒乐博士一直有个梦想，就是要建一座教堂。1968年的一天，他向著名的建筑设计师菲利普·强生阐述了自己的构想："我所要的不是一座普通的教堂，我要在加州建造一座伊甸园。"

强生询问他的预算情况时，舒乐博士坚定地说："我现在没有一分钱，所以在我看来，100万美元和500万美元并没有什么差别。关键是，这个教堂要有自身的魅力，以吸引捐款者的到来。"

最终教堂的预算是800万美元。这个数字对当时的舒乐博士而言，不仅是超出了他的能力范围，甚至已经超出了他的想象范围。

但是这个数字并没有将舒乐博士吓倒。他在一张白纸的最上面写下"800万美元"几个大字，接着又写下了10句文字：

找到1笔800万美元的捐款；

找到8笔100万美元的捐款；

找到16笔50万美元的捐款；

找到32笔25万美元的捐款；

找到 80 笔 10 万美元的捐款；

找到 100 笔 8 万美元的捐款；

找到 160 笔 5 万美元的捐款；

找到 320 笔 2.5 万美元的捐款；

找到 800 笔 1 万美元的捐款；

将教堂 1 万扇窗户的署名权卖出，每扇窗户的售价为 800 美元。

对这些预算做完分解之后，舒乐博士开始进行他的招商计划。

两个月后，这座水晶大教堂美妙绝伦的模型打动了富商安德鲁，于是舒乐博士得到了第一笔 100 万美元的捐款。在第 66 天的时候，一名在工地工作的工人被舒乐博士的演讲所打动，捐出了 1 000 美元。三个月后，一位对舒乐博士十分钦佩敬重的年轻人，在他生日那天，寄给他一张 100 万美元的银行支票。

半年过去了，一位陌生人对舒乐博士说："如果凭借着自己的诚意和努力，你能筹到 700 万美元的资金，那么剩下的 100 万就由我来支付吧。"

第二年，舒乐以每扇窗户 800 美元的价格请求美国人认购下来。付款的方式是每个月 80 美元，分 10 个月付清。在随后的半年里，一万扇窗户全部售出。

直到 1980 年年底，用了 12 年的时间，这个可容纳差不多二万来人的水晶大教堂竣工，成为世界建筑史上的一个奇迹，也是世界各国游人前往加州必去瞻望的胜景。

这个水晶大教堂最终所需的费用是 2 000 多万美元，这些钱都是由舒乐博士一点一点筹来的。

在最初，这座水晶大教堂不过是舒乐博士的一个理想。当时，要想实现这个构想有着相当大的难度，就像要盖万丈高楼却没有一砖一瓦，但它在舒乐博士的努力下，最终变为了现实，为世人所瞩目。

舒乐博士之所以能够取得成功，无非是把远大的、感觉似乎遥不可及的愿望拆解成可以一步一步前进的堡垒，然后用耐心和恒心慢慢地攻下这些堡垒，最后发现，那曾经遥不可及的目标其实就在眼前。

一只重新组装过的小钟来到一只旧时钟旁边，这只旧时钟正在"滴答"、"滴答"一秒一秒地前进着。这个旧时钟对新来的小钟说道："我已经走完 3 200 万次了，你也要抓紧工作喽。"

这个新来的小钟听后惊恐不已，大叫道："天啊，这怎么可能？3 200万次，我根本做不到啊。"

这只旧时钟平淡地对它说："不用担心，你需要做的就是每秒钟'滴答'一声就 OK 了，非常简单。"

新来的小钟半信半疑地开始运动起来，不知不觉间过去一年了，这时这个小钟已经走过了 3 200 万次。

男孩们可以借鉴这只小钟的经验，每天前进一小步，聚沙成塔，每个小目标的累加就是大理想的实现。

有一个乡村邮递员，名字叫希瓦勒，他每天徒步奔走在各个村庄之间送信。一天，他在送信的途中被山路上的一块石头绊倒了。他发现这块石头的样子非常奇特，这让他有点爱不释手，于是他把这块石头放进邮包里准备带回家。

收信的村民看见他的邮包里还装着块石头，都感到很奇怪，便好意劝他："你还有那么多山路要走，赶紧把这个'负担'扔了吧。"

他却向村民们炫耀道："你们看，这块石头多美丽啊。"

人们笑道："这样的石头漫山遍野都是，有什么可稀奇的？"

回到家后，希瓦勒突然产生了这样一个念头：如果用这些石头来建城堡，那将是一项多么伟大的工程啊！

为了能收集更多的石头，他便推着独轮车送信，看上的石头便会放进独轮车。此后，希瓦勒的生活更加忙碌起来，白天他扮演着邮差和运输石头苦力的双重角色，晚上就变成了一名有着丰富想象力的建筑师。

所有人都认为他的脑子有问题，他却从不理会别人的看法，几十年如一日进行着这项浩大的工程。

二十多年过去了，在希瓦勒偏僻住处的周围，陆续出现了许多非常别致的小城堡，有印度神教式的，有清真寺式的，还有基督教式的。

1906 年，法国一家报社的记者在途经这个村庄的时候，偶然发现了这些城堡，这些错落有致的城堡令他惊叹不已。于是这位记者专门为希瓦勒和他的这些城堡写了一篇专栏。

文章发表后，希瓦勒迅速地成为了远近闻名的新闻人物，许多人都慕名而来，就连当时很有名望的大师级人物——毕加索也特意赶来参观他的建筑。

这些城堡现在是法国非常著名的风景旅游区，在城堡的石头上，希瓦勒当年刻下的那些话现在依然清晰可见，有一句是这样写的："我想知道一块有了理想的石头到底能走多远。"据说，这就是希瓦勒拾起的第一块石头，也就是绊倒他的那块石头。

远大目标的达成就是需要这种坚持不懈的精神，我们每个人遇到困难都不应轻言放弃，只要持之以恒，每天前进一点点，终有一天，你可以达成自己的理想，成就未来美好的人生。

成功箴言：没有一个成功者不是一点一滴、一步一个脚印走出来的。

6. 坚定必胜的信念
—— 达到目标，需要不断地付出

西点军校有这样一则被学员们经常提及的信条：Can-do and Winning Attitude——必胜的信念。无论是学习成绩的排名，还是体育赛事的名次，又或是某一项任务的挑战，学员们都必须怀揣着一种必胜的信念，为了取得成功，就得全力以赴。

西点人非常注重胜利，并且在学员中不断强化这个意识。当他们认识到球赛取得的胜利和战争取得的胜利有许多相似之处时，就把体育运动广泛引入到学员生活中。体育和战争的本质都是通过双方的对抗，最后决出胜负，其关键就是取得胜利。在竞争如此激烈的社会，并非所有人都能成为第一，但是成为第一的这个梦想却可以被每个人所拥有。

正如西点著名教官约翰·阿比扎伊德中将所说，一个人只有先战胜了自己，才有可能去征服世界。只有时刻强化必胜的信念，你才能保持前进的动力，努力寻找合适的方法，克服一切艰难困苦，逐渐向成功靠拢。

道格拉斯·麦克阿瑟曾经担任过西点军校校长。他出生在一个军人家庭，从小父母就鼓励他成为"伟人"，在年少时他就确立了自己的人生目标：当一名将军。

麦克阿瑟为了实现这个目标，从小就刻苦学习。他17岁时考入了西点军校，在西点的四年时间里，有三年都取得了全班第一的学习成绩，成为西点军校25年来学员成绩最高分的拥有者。毕业以后，麦克阿瑟便开始了他的军旅生涯。

第一次世界大战爆发的时候，美国开始积蓄军事力量，当时担任陆军部"新闻检察官"的麦克阿瑟工作得十分出色，很快晋升为少将，成为西点军校校长。

在西点军校，麦克阿瑟做出了部分改革，但是遭到了来自国会和陆军部等保守分子的谴责，而后被排挤到菲律宾去执行海外任务。

麦克阿瑟在1925年又被调回美国。这时他的妻子对军旅生活已经十分厌倦，并劝他退出军界，创办私企赚大钱。凭借他和妻子的经济实力以及社会背景，想做生意并不是件难事。如果他同意了妻子的意见，既可以带来家庭和睦，又可以成为有钱人。

但是面对这种种诱惑，麦克阿瑟一点也不动心，成为将军的强烈愿望在他心中从未动摇过。最后，妻子离开了他。

1928年的夏天，麦克阿瑟再次被派往菲律宾的首都马尼拉，担任部队司令。

半年后，美国陆军参谋长萨默罗尔将军给他发来电报："总统想把工程部主任的职位交给你。"麦克阿瑟当然知道这意味着什么，若接受了这个职务，那么他在军界就没有什么发展前途。若不接受，就会被认为不忠诚。

经过慎重的考虑，他拒绝了这个职务，终于在1930年6月被任命为陆军参谋长。当时，他还不到50岁，成为美国陆军史上最年轻的参谋长。

第二次世界大战爆发后，麦克阿瑟充分发挥了自己的才能与智慧，取得了十分辉煌的战果，成为历史上非常有名的将军，他终于实现了自己的梦想。

坚持到底，相信自己一定能够实现梦想，是麦克阿瑟最终取得成功的原因。懦弱心理比较严重的人，除了要努力培养自己坚韧的意志、丰富的想象力和激荡澎湃的热情之外，更重要的是培养自己战胜胆怯的勇气以及绝不向困难妥协的精神。

信念是一种强大的力量，当你确信自己能够成功时，你就必定可以成功。许多一事无成的人，是因为他们低估了自己的能力，轻视自己，以至于很难取得成就。信心能使人产生勇气，克服重重障碍，从而获得成功。

100%的成功需要100%的意愿。成功是建立在必胜信念的基础上的，不要小看日常生活中的小事，它往往成为决定成败的关键。

曾任美国第三十四任总统的德怀特·戴维·艾森豪威尔，在他年轻的时候，一天晚饭后和家人玩纸牌游戏，接连几次抓到手的牌都很差，于是他变得很不高兴，开始喋喋不休地抱怨。

这时艾森豪威尔的母亲表情严肃地对他说："如果要玩，你就把手中的纸牌继续玩下去，不管它们是好是坏。人生也是如此，只不过发牌的是上帝，不管给你发的是什么牌，你都必须拿着，你能做的就是竭尽自己所能，力求最好的结果。"

很多年过去了，艾森豪威尔心中一直铭记着母亲的谆谆教导，从未对生活再有丝毫抱怨。因为他明白一个道理：只有以积极乐观的心态迎接命运的挑战，尽最大努力做好每件事，才能最终获得你想要的。也正是因为如此，他才经过一步一步的努力奋进当上了美国第三十四任总统。

不管我们手里握着什么样的牌，都要坚持玩下去，力争最好的结果。因为这些牌是我们手中唯一的资源，我们利用这仅有的资源，加上必胜的信念，去夺取最佳的成绩。

信念代表着一个人在事业中的精神状态、把握工作的热情和对自己能力的正确认知。只有心中怀有必胜的信念，我们工作时才会充满热情，干劲十足，勇往直前。

在这个过程中碰到一些小困难、小挫折是在所难免的，但这些都将成为我们通向成功之路的垫脚石、助推器。只要拥有必胜的信念，并且坚持不懈地为之努力，那么成功就会离你越来越近。

成功箴言：只要怀揣必胜的信念，成功就在不远处！

7. 永远跑在别人的前面
—— 尽最大努力争取优异的表现

西点就意味着卓越，西点会在第一时间向新学员灌输这个理念。就像西点军校的前校长潘莫将军所说："给我任何一个正常人，我都会把他训练成一名优秀的人才。"

西点人明白，胜利是能力最好的体现，只有卓越的成绩才能说明一切。所以西点的教官非常重视向学员灌输卓越的意识，让所有的学员明白尽最大的努力取得优异的成绩，才能带来荣誉。

前总统吉米·卡特在海军服役的时候，曾经申请参与核动力潜艇计划。当时，负责这个计划的是海军上将海曼·里科弗，他的要求标准之高在军中无人不知，无人不晓。

吉米·卡特必须要和这位将军面谈，只要是被这位将军面试过的申请者走出大门时，满脸都是惊恐的神情，显然是被吓的。但是要想被录取，就只能先过了这一关。

卡特回忆说，在谈话过程中，里科弗将军大多让他自由发挥，找自己熟悉的话题谈。不过将军问他的问题越来越刁钻，而且都是卡特不熟悉的领域。

就在面谈即将结束的时候，将军突然问他在军校里的成绩怎么样，卡特信心满满地回答说："我在830名学员中排名第49。"他满以为将军对他这样的成绩会大加赞赏，没想到将军说："看来你并没有全力以赴。"

卡特起初想说"我已尽了全力"，后来一想，在盟邦、敌人和战略等领域的认识上，都还有加强的空间，因此他后来回答说："是的，我并没有一直全力以赴。"

里科弗将军盯着卡特看了一会儿，然后转过身去，这意味着面谈就此结束，不过他丢给卡特一个问题："为什么不？"

里科弗上将是不是过于严厉了？他对年轻的海军军官是不是要求太高了？他的期望是不是不太切合实际呢？卡特并没想这么多，里科弗上将那天的一席话令他毕生难忘，几年之后，卡特索性以这句话作为他的新书标题——《为什么不出类拔萃》。

西点人需要付出全部的努力才能成为卓越的士兵，如果只是找个搪塞自己为什么不全力以赴的借口，那真是不费吹灰之力。同样，男孩要成长为出类拔萃的男人，就务必要付出相当的代价，除此之外，别无捷径。

"一个人追求的目标越高，他的能力就发展得越快，对社会就越有益。"这是高尔基曾经说过的一句话，在今天听来仍未过时。我们随时都需要尽最大的努力才会有希望做个杰出的人才。仅仅把工作中所规定的任务完成，这个目标并不能够激励人心。如果想要别人注意到你的努力，那么就得努力超越自己，永远跑在别人前面，力求达到卓越。

林达是国内 IT 行业的风云人物，刚刚 30 岁就当上了总裁，统领国内顶尖的软件公司，他所率领的研发小组开发了适用于个人用户和企业用户不同款的知名软件。"让优秀成为习惯"这句话使林达一直铭记于心。

在大学，他是他们专业组年龄最小的一个，然而成绩却是最好的。他也是同学中最刻苦的一个：每天天刚蒙蒙亮就跑到操场上，开始大声地背诵英语；上课时，他永远坐在第一排，是最认真听讲的学生；他的实验是做得最认真的；他的试卷是答得最漂亮的。当这个男孩以优秀的成绩从大学毕业时，才 20 岁刚出头。

进入公司后，他时刻以"让优秀成为习惯"这个信念激励着自己。"尽量把一件事做到最好，否则还不如不做！"他经常这样对同事说。他在公司对自己的要求是最严格的，是最敬业的一个，因此他的工作也是最出色的。

自然，林达也成为在公司里晋升最快的人，25 岁成为公司的部门经理，27 岁便升为公司总经理。公司改组后，刚刚 30 岁就升为公司总裁。

虽然升迁了，但"让优秀成为习惯"的信念没有丝毫改变，他带领企业涉足桌面办公、信息安全和游戏娱乐等多个领域，并自主研发了多款知名软件，都取得了骄人的成绩。公司目前的这种网络营销模式已经遍布全国乃至世界各地，并且与国内外诸多知名的 IT 企业建立起了合作关系。

这个公司在林达的带领下，已经迅速地发展为在国际上颇具影响力的大型专业化软件公司。母校百年校庆时，作为杰出校友，林达在被邀请之列，在众多的杰出校友中，他是最年轻的。林达以"让优秀成为习惯"为主题，给母校的学子们做了一场精彩的讲演。

约翰·伍登——这个被誉为"全美最杰出的大学篮球教练"说："所谓成功，就是知道自己已经全力以赴，尽最大努力争取达到自己能够达到的最极致的境界。"对于优秀的人来说，成功并不是最终的结果，而在于追求卓越的过程。一个永远用最严苛标准要求自己的人才是最优秀的，也是最让人放心的。

虽然人不可能达到完美，但在我们不断增强自身实力的过程中，那种永争第一，尽最大努力取得优异成绩的信念会促使我们不断攀登，而我们定会朝着一个又一个的胜利奔去。

成功箴言：只有全力以赴，追求更优越的表现，才会积累出卓越的成果。

8. 远大的理想激发无限潜能
—— 目标是前进的动力

西点军校的招生口号是："我们将不断地挑战和磨炼你，促使你努力成为一个全面发展的领袖人物。"冲着这个口号而来的学生就已经意味着，他们有着远大的理想，旨在成为一个全面发展的人才，一位能够经受得住挑战的领袖人物。

一百年前，一个贫穷的牧羊人带着两个儿子替别人放羊。

他们来到一座山坡上放羊，一群大雁从天空中飞过，瞬间消失在远方。

小儿子抬起头来问父亲："大雁会飞到哪里去呢?"

牧羊人回答道："它们要飞去一个温暖的地方安家，来度过这个寒冷的冬天。"

这时，大儿子眨巴着大眼睛美慕地说："我们要是能像大雁那样飞起来该有多好啊!"

小儿子也说："要是能做一只会飞的大雁就好了。"

牧羊人沉默片刻，然后对儿子们说："只要你们愿意，你们也可以飞起来。"

可是两个儿子试过之后，都没能飞起来，他们用怀疑的眼光注视着父亲。这时，父亲说："我可以飞给你们看。"于是他张开双臂，学着大雁的样子，但还是没有飞起来。

尽管如此，牧羊人肯定地说："我是因为年龄大了，才飞不起来，而你们年纪这么小，只要经过不断的努力，将来一定会飞起来，到时候，你们就可以去任何你们想去的地方。"

两个人一直牢记着父亲的这番话，并为此不懈地努力着。他们长大后——哥哥36岁、弟弟32岁的时候，两个人果然飞了起来，因为他们发明了飞机。

牧羊人的两个儿子，就是美国史上著名的莱特兄弟。

在当时那个年代，谁要是提出想飞起来的想法，必定会被众人嘲笑讥讽，但是莱特兄弟并没有因为这个"空洞"的理想而停止探索的脚步。他们从造型简单的玩具飞机开始，凭着自己的想象力制作出了可以飞行的笨拙机器，经过不断地改良更新，不断完善，最终实现了"展翅翱翔"的宏伟壮志，成为人类飞行史上的先驱。

人若是没有理想，就像小鸟没有了翅膀，无法飞翔。在我们身边，经常会听到这样的话："我想都不敢想。"如果连想都不敢想，你就根本不会去做；如果不去做，你还会得到什么好的结果吗？

男孩们，如果你们对自己的学习成绩或是其他成就感到不满意，不是因为你们不如别人聪明，很可能是因为你们还没有愿意为之奋斗的理想，还没有把自己无限的潜能调动起来。

在蒸汽机、柴油机等动力装置未被发明出来时，人类的运输和农活都是依靠牲口来完成的。出行可以骑马，送货可以用驴驮着，拉磨还有骡子，但是这些并没有阻止人类探寻更快更省力的机器的脚步。

瓦特偶然间看到蒸汽顶着开水壶盖而得到发明蒸汽机的灵感。也许这只是个偶然，但是古往今来那么多人也看见过这个现象，但只有瓦特发明了蒸汽机，不能不说这是瓦特敢于理想，并勇于把理想变为现实的精神，才帮助他发明了这台改变人类命运的机器。

依靠着少数理想家的理想和实干，人类社会不断前进着。因为有了理想，人类才有了希望，才有了前进的动力。

达尔文出生在英国的一个小镇上——施鲁斯伯里。由于祖父和父亲都是当地有名的医生，因此家里也希望他以后子承父业。16岁时，父亲将他送到爱丁堡大学学医。

但是达尔文从小就热爱大自然，尤其喜欢采集标本。进入医学院以后，他仍然去野外采集动植物标本。父亲认为他"不务正业"，一怒之下，于 1828 年将他送到剑桥大学，专业改为神学，希望他以后成为一个"尊贵的牧师"。

但是达尔文对神学院非常厌烦，他的理想依旧是成为一名科学家。他的多数时间都在听自然科学讲座和自学大量的自然科学书籍中度过的。他热心于收集甲虫等各类动植物标本，对神秘的大自然充满着浓浓的兴趣。

为此，他不断遭到父亲的斥责："你放着正经的学业不完成，整天就知道打猎、捉耗子，将来可怎么办呢？"父亲认为他所做的研究是毫无前途的，只是在玩乐而已。小时候，几乎所有的老师都认为达尔文资质平庸，和聪明是挨不着边的。

但就是这个资质平庸的孩子，凭借着自己对自然科学的一腔热忱和坚韧不拔的干劲，最终写成了《物种起源》这本书，成就了自己的进化论，成为享誉中外的自然科学家。

人们因为渴望而有了理想，因为理想而有了信念，因为信念而发生了奇迹。曾经如梦一样的理想，曾经被许多人嘲笑为不可能的事，现在都真真切切地存在于我们的现实生活中了。

西点人非常尊重理想，甚至把理想比喻成人生这艘航船的舵，而目标就是要加入这艘船里的燃料油。西点教育中也包含着理想的教育，每个学员都必须有自己的理想，明确自己的目标，并矢志为此而奋斗。

在任何情况下，我们都可以展望自己的未来，在明天到来之前，你都可以为了这个理想而奋斗不止。

成功箴言：只要拥有强烈向上的愿望，我们就能像雄鹰一样展翅翱翔。

第二章

磨炼意志
——百折不挠的人战无不胜

1. 磨炼是勇敢者的"游戏"
—— 要有钢铁般的意志

拥有坚强的意志是评判一个军人是否合格的核心素质之一。西点军校每届的新生淘汰率都是很高的，其中大多数都是在著名的"兽营"——为期几周的强化军事训练中被淘汰出局的。西点军校"兽营"的宗旨是要让新学员在严酷的环境中生存下来，只有通过这一环节，才能被西点军校正式录取。

在如此严酷的环境下，什么样的力量才能支持一个人生存下来呢？是体能，还是智慧？其实这些都只是客观的外在因素，而真正的核心力量是坚强的意志力。正如西点的一位教官所说："'兽营'就是让你处在濒临死亡的威胁中，打垮你的精神，摧毁你的意志，折磨你的肉体。能够从'兽营'走出来的人，被证明是有着钢铁般意志力的人，这样的人才配进入西点军校。"

每个人的能力并不是生来就有的，更不是一成不变的，而是在磨炼的过程中不断获取的。一个人要想在知识经济时代崭露头角，就必须奋发图强，付出比以往多得多的勤奋和努力。即便是像比尔·盖茨这样的天才，他的成功也不是唾手可得的。

在微软创办的初期，除了和有合作意向的公司谈生意或是出差，在公司里夜以继日地工作就成为比尔·盖茨生活的重心。秘书早上上班时，经常会发现他躺在办公室的地板上鼾声大作。因此他的合伙人保罗·艾伦经常说他是工作上的疯子。

在决定研究 DOS 系统时，他曾给母亲打电话说自己要"消失"半年，潜心研究 DOS 系统，以完成与国际商用机器公司的这单生意。

在接受媒体采访时，盖茨是这样描述他工作进程的："早上 9 点上班，午餐后一直工作到午夜，然后乘车回家，再读一个小时例如《经济学家》类的书籍。"这就是这位工作狂人每天的生活。

微软成为行业领袖后，比尔·盖茨仍然没有怠慢自己的工作，每周依旧工作 6 天，每天平均 13 个小时，他经常在夜晚或凌晨发给下属关于他们所编写的计算机程序的电子邮件。他现在仍然要花费五六个小时的时间，来检查编程人员编写的软件，并给出修改后的意见。

一个人能否取得成功，除了环境、机遇、学识等外部因素，更重要的是自己是否勤奋，是否经得起磨炼。缺乏勤奋精神，即使是天资聪颖的雄鹰也只能空振双翅；而具备了勤奋精神，即使是行动迟缓的乌龟最终也会盘踞塔顶，俯瞰千山暮雪，纵观万里层云。事业上的成功不单纯依靠能力和智慧，更是勤奋努力的结果。

李玉刚是现在家喻户晓的反串明星，也是中国歌剧舞剧院国家一级演员，能取得今天的成绩，必定经历过痛苦的磨炼。

李玉刚是吉林人，出生在一个普通的农村家庭里，由于母亲是二人转演员，从小耳濡目染，便喜欢上了唱歌跳舞。他从 1999 年开始练舞蹈，并且决定把它当做事业来做。

李玉刚目前从事的这个事业或是表演形式，汲取了京剧、舞蹈、歌唱、服装和化装等多方面的精华。从 1998 年出道到现在差不多 14 年的光景，几乎每一年都会遇到新的问题，例如从最开始对京剧一窍不通到学会识乐谱，每天要起早去老师家学 4 个小时，回来再练 2 个小时，每天泡在京剧里的时间就是 6 个小时。

他从事这个行业要练身段、压腿，可是当时李玉刚已经是个二十几岁的成年男子，做这些动作显然不是件容易的事，每次压腿都疼得直冒虚汗，可是他并没有退缩，年复一年，日复一日，他的勤奋注定了他能够取得今天的成绩。

李玉刚曾经说："这个行业做得好了，人们都会喜欢你，要是做得不好，人们都会讨厌你，对你嗤之以鼻。如果台下也女里女气，没有反差，观众感觉你戏里戏外都一样，也就感觉不到你演得有多好，有多么新奇。"

为了能够在台上展示出妩媚的眼神，李玉刚看了很多关于梅兰芳大师的书，从中得到了一些启示。而后又去沈阳京剧院学习关于眼睛实和虚的变化，三年中他终于把这个问题解决了。

如今的李玉刚今非昔比，先是去"悉尼歌剧院"开了演唱会，接着又去日本进行巡演，他把浓浓的中国情和东方元素带出国门，走向世界。

2012年除夕夜，他登上了春晚的舞台，他动听的歌喉、曼妙的舞姿再次震撼了亿万观众！

一个有着钢铁般意志力的人，便会有无穷的力量。不论做什么事都要坚信：只要付出最大的努力，任何事情都会成功的。不论经历多长时间，付出多大代价，坚韧的意志力能够帮助我们到达成功的彼岸。

一个人如果能够控制自己的意志力，也就成功拥有了自我引导的伟大力量。这股力量能够引导男孩向自己的目标前进，解决面临的所有困难，从而实现自己的梦想。

成功箴言：意志力是成功的先导。

2. 没有什么困难能阻挡你
—— 自信是最大的资本

一次，西点军校学员正在进行军事演习，一位指挥官的吉普车陷进了泥里，他便叫来附近正懒洋洋地坐在地上的学员过来帮忙。

然而，学员们以嘲弄的口气说："很抱歉，我们早就'阵亡'了，如何帮你推车？"

指挥官对听到这话异常气馁的司机说："卫兵，你能将问题解决掉！如果你从这堆'死尸'里找出来两具放到轮子下面，我们就能立即上路。"

听到指挥官如此说，"死尸"们立即跳了起来，他的车很快就被推了出来。

"没有什么不可能"，这是西点传授给学员们的必胜理念。它强化的是让每位学员想尽一切办法，付出努力去完成每项任务，而不是为完成不了的任务去寻找托词。

有自信才会有一切。在普通人看来不可能做到的事，如果当事人的潜在意识认为"可能"，也就是相信能够做到的话，那么这件事情就会按照那个人意念的强度，而从潜意识中流出巨大的力量。这样即使表面上看来不可能完成的事，也是可以完成的。

被称为"全球第一CEO"的杰克·韦尔奇是美国通用电气公司的前首席执行官，他从小患有口吃，因此经常被人取笑。他的母亲想尽办法将儿子的这个缺陷变成一种激励，她经常对韦尔奇说："这是因为你非常聪明，任何一个人的舌头无法跟上你聪明的脑袋。"

因此，韦尔奇从小到大从未担忧过因口吃而被人嘲笑。他坚信母亲的话：别人的舌头都没有我的大脑转得快。

在母亲的鼓励下，口吃的毛病并没有成为韦尔奇取得成功的阻碍。而且多数人都会对他产生某种敬意，因为他居然能够克服这个缺陷，在商界出类拔萃。美国广播公司新闻部总裁开玩笑说："杰克真是有力量，我巴不得自己也口吃呢。"

韦尔奇虽然个子不高，但是他却非常喜欢篮球。小学时，他告诉母亲自己想报名参加篮球队，母亲便鼓励他说："你想做什么就尽力去做，一定会成功的。"

于是，韦尔奇自信满满地参加了篮球队，直到几十年以后，当他翻看自己青少年时代与队友们的合影时，才发现自己比其他队员低好多，是整个球队中最矮小的一个。

韦尔奇认为自己的才能是青少年时期在运动场上训练出来的，他说："我们建立信心的基石来源于我们过去的经历。"

在韦尔奇的整个学生时代，母亲始终是他最忠实的拥护者。身边的亲戚、朋友几乎都听过韦尔奇的母亲讲述她儿子的故事，而且每次故事结束前，她都会加上一句："我为韦尔奇感到骄傲和自豪。"

在培养韦尔奇自信心的同时，她还告诉儿子，人生的奋斗历程是没有终点的，你要充满自信，但无须对成败太过在意。

韦尔奇的自信来源于他的心态，而这种心态是从小培养起来的，是受益终身的。这样的心态帮助他成为商界奇才，这就是自信的力量。

海明威是美国现代著名的小说家，他在1952年创作的中篇小说《老人与海》震惊文坛，并获得了诺贝尔文学奖。

《老人与海》是一部描写人与大自然顽强搏斗的书。有一位老渔夫叫圣地亚哥，一次他出海打鱼，在海上漂流了84天却一无所获。最后，他终于钓到了一条大马林鱼，可是这条鱼太大了，老渔夫根本控制不了它，反而是那条大鱼拽着钓丝，把小船拖出很远。

老人已经在漫长的84天漂流中累得筋疲力尽，现在又要对付这么大的一条鱼，如果没有足够的自信，任何人都会在惶恐中选择放弃。

老人就这么一天一天地在船上跟着鱼走，那种疲劳、饥饿和困倦对这个孤助无援的老人来说，意味着什么是可想而知的。难能可贵的是，老人坚强地抵抗着恶劣的自然条件和随时可能发生的不测，并相信自己能征服这条大鱼。

结果，在较量中，鱼慢慢地累了，伤痛和疲乏迫使它开始浮出水面。老人正要划船过去钩住大鱼的时候，一群鲨鱼开始向那条大马林鱼发起了攻击。在惊涛骇浪中，老人的小船完全无法操控，他随时都可能葬身海底。

但是老人仍然没有放弃那条大马林鱼，在飘忽不定的小船上，用划船的桨对着那群鲨鱼又打又拍，最终，那条大马林鱼还是没能逃出鲨鱼的血口。

当渔民们找到老人的时候，他因为丢了鱼还在小船上流泪。

尽管他最终因为没能斗过鲨鱼而难过，但他用自信与顽强的意志在恶劣的境况下活了下来，这就是最大的胜利！

石头再冰凉，坐上两年也会被焐热，关键是你首先要相信石头会热，然后再坚持去坐。相信和坚持都是实现成功的必要条件。

如果你只相信能够成功却不坚持去做，那么一切只是空谈。很多人都知道什么事是正确的，是能够成功的，但是真正可以坚持下去的却少之又少。

只要坚定自己的信念，相信自己，持之以恒，你终究会进步、成长、成功。

成功箴言：人之所以能，是因为相信能。

3. 不打败怯懦就得躲它一辈子
—— 西点不相信眼泪

西点军校的校长克里斯曼这样说过："如果你经常说'做不到'，那么失败会经常与你为伍。"

其实，现实中的恐惧并没有我们想象中的恐惧可怕，只要你鼓足勇气去克服困难和怯懦，就能够战胜它，而不是一辈子躲着它。

这就像游泳一样，如果我们不能战胜对水的恐惧感，那么就只能做个旱鸭子；如果克服了这种怯懦，你会发现水的浮力是如此之强。

巴顿将军始终用一句名言激励着自己，那就是"不要让怯懦左右自己"。他认为将军的基本要素首先就是勇敢。在练习马术时，他永远选择的是最难跨过的障碍物和最高的跨栏。在平常的狙击演习中，他向来都踩着安全线练习，他的格言是："我想看看自己在困难面前有多恐惧，这样才能够锻炼自己打败怯懦。"

从西点军校毕业后，巴顿在 1909 年被任命为骑兵连少尉，被派往谢里登堡做保卫工作。初来乍到，他在那里却因为将一匹疯马驯服而远近闻名。当时这匹马踢中了他的脸颊，鲜血不停地往下流，但是他依然头脑冷静并且降服了这匹马。在困难面前，巴顿想的是要努力克服它，而不是一味逃避。

我们是否能够跨越障碍，在很多情况下并不是取决于我们的能力，而是在于我们是否有个好心态。

曾经有个知名的举重运动员这样说过："我之前一直停留在 398 磅，根本无法举起 400 磅的重量，因为我始终没能战胜自己的怯懦。然而有一天，教练和我说，举起396磅就可以休息了，于是我轻松地把它举起来了，这时教练才告诉我，那其实是406磅的重量。从此以后，400磅对我来说不再是个障碍。"

关于调整心态战胜自己的事例，男孩们或许对一个故事更能感同身受，它出自于风靡全球的小说《哈利·波特》第三集中的一个片段。

这个片段给人留下了深刻的印象，那就是小哈利成功地施展了很多守护神咒语，以此来对抗摄魂怪的攻击，要知道这些咒语连那些优秀的成年巫师都是很难施展的。

原来哈利在练习中根本不能释放完整的守护神，唯一能做到的是让魔杖散发出淡淡的白色雾气，然而那并不能真正地抵抗摄魂怪。当他真正面对摄魂怪，在生死存亡之际，他看见远处一个和自己长得很像的人，完整地施展了守护神咒，释放了他的守护神来帮助自己脱离了危险，当时他以为那个强大的巫师是自己已经过世的父亲。

当哈利·波特通过时光机重新回到自己面对危险的那一刻时，他才顿悟，那个救了自己的强大巫师不是别人，正是他自己，于是他冲出去召回自己的守护神驱走了摄魂怪。后来，当赫敏对哈利竟然能够如此完美地施展这样高难度的魔法赞叹不已时，哈利回答道："我可以做到，因为当时我就知道自己已经做到了。"

哈利曾经对于摄魂怪和施展守护神咒有着或多或少的怯懦，但当他充满自信地勇敢地面对时，他最终成功了。如果当时哈利没能打败自己的怯懦，那么他就只能一辈子躲着摄魂怪了。

在西点的众多毕业生中，很多人都取得了不俗的成就，但是当你问起他们成功的秘诀时，没有人会将此归因于自身聪明的头脑，而更多的是因为军校给予的品格上的锻炼，帮助他们勇敢地打败怯懦，才带来了今日的辉煌。

西点军校在对学员勇气的培养上，有其独特的方法。教官知道学员对克服恐惧感有一种理性的方法，他会故意加重学员的焦虑感，因为勇气是在充满恐惧感的情况下才能培养出来的。如果你无法忍受而选择逃避，那么你就是个逃兵，是个胆小鬼，就必须离开。因为西点需要的是勇者，不需要逃兵，不相信眼泪，世界向来都是给无畏的人让路。

1941年的冬天，独立团一营的战士们身穿单薄夏装，顶着凛冽的寒风，以破釜沉舟的必死精神抵抗着强敌，向关东军两个军队发起攻击，进行了一场相当惨烈的白刃战。在这场战斗中，独立团一营几乎全军覆灭，其惨烈程度可谓"惊天地，泣鬼神"。

在这场战斗还没打响前，总参谋部政委赵刚问独立团团长李云龙："如果情报不准，不是一个押车小队的鬼子，而是一个中队甚至是一个大队的作战部队，我们该怎么办？"

李云龙回答说："古代剑客和高手碰面，如果对方大号是'天下第一剑客'，你明知打不过该怎么办？是转身逃走、跪地求饶，还是拼一拼？"

"肯定不能退缩，要不你为什么当剑客呢？"

"这才是汉子，明知必死无疑，也要亮出宝剑，这才叫亮剑，连这样的勇气都没有还当什么剑客啊？倒在对方剑下并不丢脸，那是虽败犹荣，如果连亮剑的勇气都没有，那你以后还怎么在江湖混呢？"

"明知山有虎，偏向虎山行"，正是有了这种亮剑精神，独立团才屡战屡胜，在敌我力量差距如此之大，外界环境相当不利的情况下，勇往直前地开辟出了一条胜利之路；正是有了这样的团队，在艰难困苦的八年抗战中，我们的民族才能越过重重障碍，捍卫了自己的尊严，保卫了自己的国土。

"面对敌手，毅然亮剑"，一个人如果没有这种勇往直前的精神，遇到困难便会停止前进，被内心的恐惧摧毁，这样的人，如何能在人生的道路上获得让自己满意的成就呢？

人生路上从来都不是铺满鲜花的，想要成功地走完自己的人生旅程，我们就必须时而穿过泥泞，时而越过沼泽，时而行经丛林，过五关斩六将，才能到达人生的终点。因为我们清楚地知道生活不可能一帆风顺，所以我们更要坚强勇敢地战胜怯懦，微笑面对人生路上的困难。

成功箴言：只有直面恐惧，才能打败怯懦。

4. 不要渴望永远风和日丽
—— 积极的心态能解决一切难题

西点第一任校长乔纳森·威廉斯曾说："有时候，成为我们成功主要障碍的并不是能力的问题，而是我们是否拥有积极的心态。"成功者的生活准则是：做个积极乐观的人，一切向前看。只要向前看，就能看到希望和未来，就会快乐而积极地生活。

或许是因为生活各方面有太多的压力，有些人会说："活着，真累。"或许是遇到的烦心事太多，有人说："活着，真烦。"或许是对每天柴米油盐生活的琐碎感到厌倦，有些人说："活着，真无聊。"

这里，有一个如何认识生活的问题，也有一个如何使自己正视生活的态度问题。生活就是生活，它如泥土一般真实而粗糙，如果对它存在着不着边际的幻想，那么你就会大失所望了。就像自然界有阴晴风雨一样，生活也不会总是阳光普照的。如果你没有对此做好准备，那么就会感到悲观惶恐。

宋代大词人苏轼说："人有悲欢离合，月有阴晴圆缺，此事古难全。"但这并不意味着生活就是一桩枯燥无味的苦事。法国的雕塑家罗丹说过："对于我们的眼睛而言，不是缺少美，而是缺少发现。"其实生活中隐藏着很多美好和快乐，关键在于我们是否能发现这些美好和快乐。是否能发现它，关键取决于自己的心态，是否愿意做个阳光男孩，取决于你自己。

一个人在世上生活，要勇于"放开眼"，而不是对人间"浪皱眉"，说的就是对人生的两种态度。选择正面，你就会乐观自信地把眉头舒展开来，直面一切；要是选择背面，你就只能是锁紧眉头，整天郁郁寡欢，最终被生活抛弃。在挫折面前，悲观失望的人会陷入困境，难以自拔；即使身处绝境，乐观向上的人也能看见一线生机，并为此而努力。

一位银行家在 41 岁的时候，身价已经达到数百万美元，可是一年之后他破产了，不但失去了所有的财富，而且还背上了一大堆的债务。面临着如此大的打击，他没有被打倒，更没有悲观失望，而是决定东山再起。

不久，他又积累起了巨额财富。当他把最后 300 个债权人的欠款还清以后，这个金融家实现了自己的承诺。有人问他，第二笔财富是怎样获得的，他回答说："这是因为我从我父母身上继承下来的积极乐观的个性从未改变过。从早期谋生开始，我就知道要乐观地看待事物，不要生活在阴影下。我始终有理由让自己相信，其实实际的情况要远远好于一般人所做出的设想。我相信我们的社会到处是财富，只要去努力就一定会拥有，这就是我成功的秘诀。记住：要从好的一面来看待事物。"

无论怎样，我们都要向前看，这样生活和工作才会有生机。同时我们还要明白"要善于发现光明的一面"。

1996 年 7 月，周杰伦高中毕业以后一直没有找到工作，就只好去一家餐馆当了服务员。尽管工作中有很多让人心烦的事，但是周杰伦对音乐的热爱却始终如一。只要一发工资，他就跑到音乐超市，买自己喜欢的磁带，他的钱多数都花在这个上面。平时他身上总是带着单放机，只要工作不忙就听音乐。

1999 年，周杰伦偶然参加了吴宗宪主持的《超猛新人王》这个娱乐节目。节目结束后，吴宗宪邀请周杰伦来他的公司写歌。周杰伦满心欢喜地辞了职来到这个公司，由于他从小音乐功底就比较深厚，所以不久便创作出了很多歌曲。但是吴宗宪觉得周杰伦写的歌词很怪，圈里人几乎都不喜欢，为此吴宗宪感到很失望。每次拿到手稿，他看都不看一眼，便揉作一团，丢到垃圾箱里。

即便多次受挫，周杰伦始终以积极乐观的心态继续创作，因为他知道，这个机会非常难得，不能轻易放弃。于是，他几乎每天都创作一首新歌。接连一周，吴宗宪每天清晨上班时，都能见到周杰伦的新作品。他终于被这个小伙子的勤奋和天赋所打动，答应找歌手来演唱他写的歌。

1998年，一首名为《眼泪知道》的歌曲被周杰伦创作出来了。吴宗宪想让"天王"刘德华来演唱这首歌，可是被刘德华拒绝了。之后，周杰伦精心为张惠妹创作了一首《双节棍》，他认为张惠妹比较前卫，应该容易接受，可是没想到的是，张惠妹也一口回绝了这个邀约。

经过一次又一次的失败，周杰伦开始迷茫了，他甚至对自己的音乐之路还能走出多远开始产生怀疑。吴宗宪发现周杰伦在音乐方面有其独有的理解力。于是他决定给周杰伦一个难得的机会——让他演唱自己写的歌曲。

吴宗宪把周杰伦叫到办公室，对他说："如果你能在十五日内写出六十首歌，那么我就挑出十首来给你出唱片。"

那段时间，周杰伦哪儿都不去，就在音乐室里一首接一首地写，每创作出一首，就像完成了一个重大的使命一样，高兴得不得了。而每当疲惫的时候，他就在椅子上打个盹儿。

就这样，半个月的时间里周杰伦真的写出了六十首歌曲。2001年年初，周杰伦的第一张专辑上市了，而且销量非常好。在当年我国台湾流行音乐评选的比赛中，《Jay》一举拿下台湾流行音乐金曲奖的最佳流行音乐演唱专辑、最佳制作人和最佳作曲者三项大奖。

周杰伦在接受杂志专访时说："我之所以能走到今天，是因为我始终拥有着阳光的心态，没有谁的天空永远风和日丽，即使乌云笼罩在头顶，你也要对未来充满期待，不要自怨自艾，总有一天，你会看见光明。"

学会微笑面对人生，保持积极的生活态度，一切困难也就迎刃而解，我们的人生也会越来越精彩。

成功箴言：积极的态度有助于成功。

5. 困难是勇者前进的号角
—— 勇敢地迎上去

美国军火大亨、杜邦公司的创始人亨利·杜邦于 1833 年在西点军校毕业，他曾经说过："困难是让弱者落荒而逃的噩梦，但却是勇者前进的号角。"

美国心理学家曾经从西点军校选出 150 名优秀毕业生来进行分析研究，发现他们身上都存在着三种非常优秀的品质：一是具有坚韧不拔的性格；二是为目标执着奋斗的精神；三是充满自信。这些优秀的品质反映出这些毕业生克服困难的勇气和决心。

作为小男子汉，如果你认为自己是一把披荆斩棘、勇往直前的刀，那你就要相信困难和挫折是一块必不可少的磨刀石。对于一个勇者而言，困难既是磨刀石又是垫脚石，是一笔巨大的财富，而不是万丈深渊。在西点学子看来，征服的困难越大，所取得的成就就越不容易，因此更能说明你是个英雄。

格兰特是美国南北战争时期的杰出将领，并被誉为"战场上的想象大师"，他创造了很多影响后人的经典战役。

格兰特在维克斯堡战役中失败过两次，但他并没有从此灰心丧气，而是再次进行了周密的策划。在对地图进行了仔细的研究后，对部下说出了他想再次攻打维克斯堡的决定。大多数人都认为他的计划太冒险，不赞成他这样做。但是，格兰特还是带着部队从维克斯堡城前经过，来到密西西比河西岸。他率领部队在城南乘上炮舰，渡过了河。司令官命令部队在东岸登陆，向内陆进军。

为了快速袭击敌军，他规定士兵不准携带任何非必需品。格兰特身先士卒，就只带了一个牙刷，没有换洗衣物，也没有被子，甚至连坐骑都没有，部队从维克斯堡南面向内陆进军。格兰特在城北的活动已经将南方军麻痹，他们不知道他为什么要在要塞南面登陆。

南方军指挥官想将格兰特的给养线断掉，却根本找不到给养线。因为格兰特根本没按常规"出牌"：进攻部队不能远离掩护得很好的给养基地。他完全不受这些作战原则约束，而是一边进军，一边就地征集他所需要的食物和马匹。结果，他胜利了！

这场战役的胜利彻底改变了南北双方力量的对比，是北方走向胜利的重大转折点。

莎士比亚说："本来没有希望的事，只要勇敢出击，大胆尝试，往往能够获得成功。"勇敢出击往往会带来更多的机会。在困境中，如果认为自己是只老鼠，就会被猫吃掉。

大音乐家贝多芬这样说过："卓越者的一大优点是：在不利与艰难的困境中百折不挠。"而他也的确是在双耳失聪、生活最悲痛的情况下，对生活依然充满希望，谱写出了伟大的乐章。

德国18世纪著名诗人、哲学家、历史学家和剧作家席勒被病痛困扰了十五年之久，可是他最有价值的作品也是在这个时期完成的。

英国诗人、政论家、民主斗士弥尔顿在他双目失明、贫病交加的时候，创作出了他的名著。

大诗人但丁也是在被宣判死刑、流亡二十年的境遇下，创作出他的作品。

一个百折不挠的人，越是在困苦的环境下，反而更加奋勇，不战栗、不畏惧，昂首挺胸，意志坚定，敢于面对所有困难，轻视一切厄运，嘲笑任何障碍，因为忧患和困苦不足以损其毫发，反而磨炼了他的意志和品格，使他成为优秀的人物——这也是最值得人敬佩、最令人羡慕的一种人物。

埃及著名文学家塔哈·侯赛因被称为"阿拉伯文学支柱"，他代表着

20世纪40年代以来阿拉伯文学的新方向，这位伟大的文豪却是一位双目失明的人。

塔哈由于从小患眼疾，在三岁时就双目失明了。但是性格倔强的他，并没有向命运低头，而是以超凡的毅力，顽强地闯出一条光明之路。

他每天都刻苦认真地学习，连课余时间也不放过。他经常到邻居家串门，就是为了学习民间淳朴、生动的语言。听到别人朗诵诗歌，他就默默地记在心里，并请别人帮助自己朗读。这一切都为他进入大学校园学习打下了坚实的基础。

凭着自身的努力，塔哈考入了著名的埃及大学，毕业时拿到了埃及史上第一个博士学位，并受到国王的钦准，后到法国巴黎留学，获得法国的博士学位。

塔哈通过自己持之以恒的努力和奋斗，为阿拉伯的文学宝库留下了不朽的诗篇。

逆境是把双刃剑，它既能使人变得坚强，也能让人变得脆弱，没有人会在逆境过后毫无改变。只是有人能击败逆境站起来，而有人就会倒在逆境中。只有强者才能在逆境中站起来，正如鲁迅所说："真的勇士敢于直面惨淡的人生，敢于正视淋漓的鲜血。"

困难就像一块试金石，真正的金子会在征服困难的过程中，展现出自己耀眼的光芒。困难能够使人沉沦，也会催人奋进；能够使人浑噩，也能够让人聪慧；能够使人贫穷，也能够助人富有；能够使人卑下，也能够使人伟大——全在于你如何对待它。

困难是让勇者前进的号角。只有那些没有被不利和艰难遭遇打垮的人，那些面对困难依然百折不挠的人，才是真正的强者。

成功箴言：只有经历了逆境的淬炼，一个人才能走向成功！

6. 不服输的人才会有希望

—— 在任何环境中都要选择奋起

成功的信念和积极的心态对于一个人来说比什么都重要。只有这样，在困难中你才能选择坚持，在坚持中取得成功。世界上最伟大的人，往往也是失败次数最多的人。面对各种不利因素，只要有一丝成功的希望，就要永不放弃。

西点人认为："无论什么事情，只要你认为是对的，那么事前就不要有太多的顾虑，重要的是勇敢地冲过去。过分谨慎，反而难成大事。"

纽约华尔街在全世界来说都是非常著名的金融街，那里流传着一句话："女人在华尔街待不了。"由此可见，一个女人要想在这里立足该有多难。但是裔锦声这个女人在没有任何背景的情况下，不仅在华尔街立足了，还为此书写了一段华尔街的职场传奇。

裔锦声在美国读完中文博士后，在求职过程中，她看见了舒利文公司的招聘启事，写着这样的要求：求职者需毕业于商学院；至少有两年以上的金融或银行工作经验；能够独立完成亚洲地区的业务。

显然，裔锦声并不符合这些条件，但是，她还是给舒利文公司寄去了自己的个人简历，结果当然是石沉大海。但她依然每天给舒利文公司打电话联系，以至于人事部的人一听出是她的声音，便想着各种理由来搪塞、拒绝。

最后，她勇敢地给这个公司的总裁打了个电话，在电话里她这样坦言："我虽然没有商学院的学位和银行的工作经验，但是我有文学博士学位。长期的文学熏陶使我成为一位善解人意的女性。在获得博士学位的过程中，我学会了怎样发现问题并很好地解决它。我虽然是个女性，也经历过很多苦难和歧视，但是我非但没有退缩，反而变得越来越坚强。由此可见，我会成为公司的财富，而且我相信公司一定会给我提供这个机会的，因为这是我们互惠互利的事。我打了好多次电话都被拒绝了，希望您能给我一次展示自己才华的机会，如果公司认为聘用我会有风险，那我可以先不要薪水。"裔锦声一口气说完了这些话。

挂上电话大约半个小时后，舒利文公司便通知她去面试，经过七次非常严格的面试后，将近一百名有金融背景的求职者都被公司拒之门外，而最后却录用了她这个对金融一窍不通的文学博士。

经过三年的努力拼搏，她因业绩突出而迅速升为副总裁，成为舒利文公司自从创立以来的第一位外籍高级女主管。

后来，在一次公司聚会上，裔锦声问该公司的总裁为什么会录用她，总裁说正是她那一番话，尤其是最后一句打动了他。

"因为你是一个不认输、对生活不妥协的人，而我们公司需要的就是你这样的人。专业知识可以慢慢学习，但是永不言败的精神并不是人人身上都具有的。你的勇气和信念已经远远超出了求职本身。"总裁如是说。

做什么事都不是轻而易举就能成功的，如果一遇到困难和失败就垂头丧气地撤退，那么哪里还有成功的希望呢？裔锦声作为一个女人那种不服输的精神都让人惊叹，何况风华正茂、有着无限潜能的男孩你呢？

肯德基创始人哈兰·山德士原本和其他孩子一样，生活在一个虽然不是很富裕却非常幸福的家庭里，父母对他疼爱有加。但不幸在他刚刚5岁那年降临了，父亲在一次交通意外中离开了人世，而母亲因为不堪生活的重负改嫁了，从此以后就没有人来照顾他。所以，他12岁就辍学了，过起了四处流浪的生活。

在流浪的这段时间里，他几乎没有穿过干净的衣服，甚至连一顿饱饭都没有吃过。为了维持生计，他什么工作都会去做。他当过餐厅杂工，当过洗车工，在农忙季节还会到农场谋得一份工作。在哈兰·山德士16岁时，部队来招兵，虽然没到规定年龄，但他还是通过谎报年龄的方式参了军。

虽然军队生活枯燥之味，却锻炼了他的身体，磨炼了他的意志。服役期满后，他利用在部队学到的技能开了一个很小的铁匠铺，由于竞争非常激烈，没过多久便关门了。

他的生活又回到了参军以前的那种流浪状态，然而不屈于现状的哈兰·山德士通过自己的勤劳肯干，谋得了一份在铁路上烧锅炉的工作，由于表现很好，不久之后便成为一名正式工。哈兰·山德士感到异常兴奋，因为他终于找到一份相对稳定的工作，不用四处漂泊了。

然而好景不长，在经济危机前夕，哈兰·山德士又失业了，更不幸的是，他的妻子在此时也离开了他。他到处找工作却到处碰壁，就是这样他也没有放弃对生活的希望。

他一次又一次地更换工作以维持自己的生活，其实在此期间他也尝试着自己做点小生意，但是均以失败告终。后来朋友们都劝他："别折腾了，你已经老了，就认命吧！"

哈兰·山德士从不理会朋友们的劝告，因为他认为自己还没老。直到有一天，邮递员给他送来了一张他的第一份社会保险支票时，他才意识到自己真的老了。

"也许正如朋友所说，大半辈子过去了，也没折腾出什么成就，现在都开始领取社会保险了，难道还不放弃吗？"他也曾这样问过自己，但是他的答案是："不能放弃，不能认输。"

后来，哈兰·山德士用自己那张105美元的社会保险支票创办了闻名世界的肯德基快餐店，终于在他88岁高龄之际，迎来了事业上的巅峰时期。

只有不怕苦，不怕累，不妥协，不服输，不放弃，想尽一切办法达到目标的人，才能开拓出一条辉煌的事业之路。条件再困难，也可以创造条件，希望再渺茫，也能找到办法去解决。

在人生的旅途中从来就不会有真正的绝境，只有不服输的人才会看见希望的曙光。如果你此刻处在心灰意冷的状态中，那么请不要放弃，再给自己加加油，也许就是这最后的关键一步为你创造了奇迹。

成功箴言：不怕死的人往往不会死，不服输的人往往不会输！

7. 要感谢生活中的逆境和磨难
—— 特别的苦难是特别的恩典

在漫长的人生之路上，尽管人们都期盼着能够平安顺利，但是在现实生活中，却往往会遭遇各种各样的逆境。逆境成为理想破灭、事业挫败的主要原因，它是人生的暗夜、征途的低谷。逆境是人们的理想与现实之间的背道而驰，是人们过去与现在的巨大反差。

每个人都会碰到逆境或磨难，认为逆境难以承受的人，必不能挺过这一关，可能会因此跌倒而爬不起来；而认为逆境不过是人生中小插曲的人，就会想尽一切办法找到一条正确的路走过去。这样的人，多迈过几个小坎儿，就不怕有大坎儿，最终能够成就大事。

通往成功的道路不会顺风顺水，人生必须越过荆棘，才能走向更高的山脉。当你遇到磨难的时候，要敢于面对挫折，挺直腰杆，以昂扬的斗志和积极的心态，从逆境中闯过来。

西点军校是这样教育学员的："当磨难来临时，你必须振作起精神，顽强地和命运搏斗，只有将痛苦转化为力量，才能有所建树。大多数成功者都起始于比较恶劣的环境，并经历很多令人心碎的挣扎和奋斗。他们生命中的转折点往往是在危急时刻才降临的。经历过这些逆境之后，他们才具有更健全的人格和更强大的力量。"

对于一个人来说，身体上的磨难有时还可以忍受，但却往往会被精神的磨难所击垮。也许走一条没人认可的道路，孤独地前行，甚至做出成绩也无人喝彩，这才是一个人面临的最大的逆境。精神上的折磨与压抑最容易击垮一个人的自信心。

心胸宽广、从容地对待别人不公正评判的人，往往可以成大事。这是因为他们相信天空是广阔的，走过去便是一片蓝天。

美国很多有着杰出成就的著名人物都被人骂过：美国国父乔治·华盛顿曾被人骂作"大骗子"、"伪君子"和"如同谋杀犯一样"。《独立宣言》的撰写人托马斯·杰弗逊曾被人骂道："如果他成为领导人，那么我们的妻子和女儿都将成为合法的卖淫者，我们会受到严重的羞辱和损害，我们的自尊也会消失殆尽，使人神共愤。"格兰特将军在率领北军、取得第一场决定性胜利、成为公众偶像后，却遭到妒忌和侮辱，被夺走兵权……

然而，这些人非但没有被责骂声所吓倒，反而更加乐观和自信，做出了有着深远影响的伟大成就。

罗斯福总统的夫人就"对待别人不公正的批评应该怎么办"这个问题，曾向她的姨妈请教过。她的姨妈告诉她说："不用在乎别人说什么，只要你心里知道自己是对的就行了。"

别人怎样看待你的工作、决定、动机或成就都不要紧，关键是你要知道自己在做什么，因为只有我们自己最清楚自己所做的事情是多么的重要。

面对众多非议，你能够坚定自己的信念，坚持自己的选择，这样你就已经具备了冲破逆境的桎梏、走向成功的精神力量。人言并不可畏，挫折也只是暂时的，特别的苦难可以成为特别的恩典。

荷马是古希腊诗人，他的作品《荷马史诗》也成为全人类的文化遗产，而荷马本身的经历也同样是人类历史上难得的精神财富。公元前870年，荷马出生在希腊境内安纳托利亚的一个世袭贵族家庭，从小就受到良好的家庭教育。

然而，在他朝气蓬勃的少年时代，安纳托利亚城发生了一场可怕的瘟疫，这场灾难持续了半年多，一个接一个鲜活的生命就这样被死神推向了黑暗的深渊。荷马也没有逃过这一劫，父母给他请来了最好的医生为他诊治，虽然最后保住了荷马的生命，但是却夺去了他一双明亮的眼睛。

面对命运的不公平，荷马曾想过放弃，但是母亲的一席话又让他的生命之火重新点燃："厄运是魔鬼，因为它夺走了你的光明；可厄运也是天使，它是一座高深莫测的宝藏。要在厄运中把魔鬼赶走，去拥抱美丽的天使，最重要的是要有坚忍的心态。"

经过三年的刻苦努力，聪慧的荷马已经熟练地掌握了弹琴的基本技巧，并且学会了用诗歌来吟唱故事。他的琴声和歌声很有穿透力，吸引了很多人的关注。

为了搜集到古老的民间故事，18 岁的荷马便离家远行。从此，他过着风餐露宿的生活，历尽千辛万苦，走遍了整个希腊，在广泛搜集古老故事的前提下，荷马凭借自己丰富的想象力和非凡的文学才华，创作出了《伊利亚特》和《奥德赛》这两部永留青史的伟大史诗，使其成为人类文明中的一朵奇葩。

面对逆境，不同的人有着不同的世界观。对悲观者来说，逆境是生存的监狱，是前途的深渊；对乐观者来说，逆境是人生的良师益友，是前进的阶梯。

鲜花和掌声向来都是年轻人所追逐的，周星驰这个喜剧大师在中学时期就梦想着有一天能够主演一部电影。他在剧组的第一份职务是个杂役，就是干些诸如帮人买早点、搬东西之类的杂活，根本没有机会参演什么片子，更不用说主角了。

三年之后，周星驰才开始饰演一些仅有一两句台词或是根本没有台词的跑龙套的角色。在那部轰动一时的古装武打片《射雕英雄传》里面，就能够找到他的影子：一个在电视荧幕前只闪现了几秒钟的小侍卫。

没有导演能看上外形瘦弱且另类的他，因为观众的鲜花和掌声大多都是献给美女和英雄的。无奈之下，周星驰便选择转行，做了儿童节目的主持人，而且一做就是四年，并以其独特的主持风格赢得了孩子和家长的喜欢。

当时某报社出了这样一篇报道，标题是《周星驰只能做儿童节目主持人》，讽刺他只会扮鬼脸，滑稽可笑，根本没有演员的天赋。

这篇报道给周星驰带来了很大的刺激，他把这个报道贴在床头，作为对自己的提醒和激励，暗下决心要演个像样的电影，于是他重新走上了饰演小角色的道路。虽然每次都要忍受白眼和呼来喝去，但是他抓住每次演出的机会，竭尽全力展现独特的自己，就像一束束瑰丽的焰火冲向漆黑的天空。

1987年，他参演了第一部剧集《生命之旅》，虽然还是个龙套的角色，但是终于有了飞翔的空间。从此便一发不可收拾，他开始用小人物的低微与善良演绎着自己传奇的人生。

拍完几十部喜剧作品后，周星驰成为大众心中当之不愧的"喜剧大师"。他独特的"无厘头"表演风格，成为香港乃至世界通俗文化的一个重要环节。

人间不平事，不知有多少。在逆境中，意志薄弱者会被吞噬，而毅力超群者会变得愈加出类拔萃。面对逆境，矢志进取的人没有抱怨和烦恼，更不会退却，因为他们知道，风雨之后就是彩虹。周星驰就是在指责和批评声中走向成功的。

我们要感谢生活中的逆境和磨难，靠你的坚强意志和决心，从逆境中奋起拼搏，不要停止前进的脚步，这样你就会最终获得成功的青睐。

成功箴言：逆境和磨难是走向成功的敲门砖。

第三章

塑造品格
——要做事，先做人

1. 不撒谎，不欺骗，不盗窃
—— 把品格培养放在首位

西点所有新学员进校后，佩戴校徽的同时还会得到一本《学员队章程》。为了推动该章程的实施，学校还设有荣誉委员会，另外有一套沿袭下来的荣誉准则与制度，新学员到校的第一天就被列入西点荣誉体系。

西点规定，荣誉的起点就是——每个学员不撒谎，不欺骗，不盗窃，也绝不容忍其他人这样做。在这个起点之上，学校还有更高的要求，那就是培养学员诚实、勇敢和正直的品格。

可见，西点军校一直将培养学员的品格放在首位。一位西点的毕业生在谈到西点的独特之处时也说："美国前 500 强教给人的是伦理观，而西点军校教给人的是品德。"

健全的人格、高尚的品德是比金钱和权势更重要的东西，是一个人取得成功最可靠的资本。即使你没有显赫的地位和渊博的知识，但是只要拥有了健全的人格和高尚的品格，也同样可以取得人生的辉煌。

"士有百行，以德为首"，在成才的诸多因素中，高尚的品德和健全的人格有其特有的魅力。成才，就是塑造人，人格则是首位要素。一位文化大师这样教导年轻人："学识的准备，人格的准备，争取做个成功的人，可爱的人。因为你的到来，使人类的光亮度有所提升——这就是生命的全部价值。"

如果需要的话，一个人可以舍去很多东西，但是唯独人格不能丢失，德行不能沦丧。让德行与生命同行，这样，生命中的每一天都是充实而快乐的。注重德行陶冶的人，往往能够抑制住浮躁、贪求的灵魂，保持理智的人生。要想创造一个美好的人生，首先要有良好的人格魅力——即美的情操、美的品格、美的心境以及美的人际关系。这样才能为自己留下闪光的人生轨迹。

大智慧加上大道德，成为一个人成功的基本要素。

爱因斯坦就是一位有着高尚人格的英才。他认为："优秀人物对于历史进程的意义、才智成就的意义远不及道德品质方面。"他告诫人们，要使自己一生的工作对社会有益，"要确保我们科学思想的研究成果是给人类造福的"。他主张："对于个人的教育，除了要发挥本人天赋的才能外，还需要努力发展他对整个人类的责任感，以取代目前社会中对权力和名利的崇尚。"

爱因斯坦本身就是一个有着强烈责任感的科学家。在政治上，他反映了社会的进步要求，用不屈不挠的精神与邪恶势力进行着斗争。面对反动势力的迫害，他立志为祖国的文明、社会的进步而不惜牺牲个人的幸福，甚至做好了坐牢和经济破产的准备。他始终以"替人类服务"为己任，立志于崇高的科学事业。

爱因斯坦的个人人格是被人交口称赞的。他谦虚谨慎，有着强烈的自信心，不为声名所累，亦不怕承认自己的错误。他一直过着简单淳朴的生活，并认为"给予比接受更让人欣喜"。

他说："一个人是否有价值，要看他贡献什么，而不是得到什么。""只有献身于社会，一个人才能找出那实际上是短暂而有风险的生命的意义。""人们努力追求的目标——财富、虚荣、奢侈的生活，我觉得都是庸俗、可鄙的。"

在写给玻恩夫人的书信中，爱因斯坦坦言自己的生活准则："我时刻都在提醒自己：不管是精神生活还是物质生活，我都在依靠着别人的劳动，所以我必须也要以同样的分量来回报这些人。"

任何人都应该懂得：人格是人生中最重要的资本。一个人要想获得别人的信任和重视，首先就应该做到无私无畏。

优良的道德品质可以塑造一个人，它是成才的精神基石。而忽视自身道德的建设，人格失落，必会对成功产生不小的消极影响。德行不好的人能力愈强，危害愈大。社会的教育和熏陶能够提高个人的道德品质，但是更多的是需要自我学习和修炼。

当今社会，我们要积极吸取精神文明的有益成果，努力提升自己的道德水平。同时，还要筑起精神的"防洪墙"，防范"精神缺钙"、"道德贫血"等不良风气对自己的"蚕食"。

中国近代富商古耕虞，就是靠着自己的人格和品德，成就了自己的一番事业。

有一年，一家名号为"天元亨"的商户，以每担150元的价格，在川北地区收购了一万张羊皮。不曾想，运输途中遭到了水渍，运到重庆时每担降到了30元，损失惨重。这个商户心急火燎地找到古耕虞，让他帮忙想办法。

那批遭水渍的羊皮的本钱，其实就是由古耕虞经营的"古青记"放的账。古耕虞认为，这个商人如果破产了，那么他就有可能走上一条不归路。因此，古耕虞主动继续放账，而且这次放得数额比上次翻了好几倍。他让那个商户继续去川北收购好羊皮。这次收购的数量高达九万张，这两次加起来就是十万张。

就这样，"古青记"用九成好羊皮搭配一成水渍羊皮，运到上海去出售。"天元亨"本来是要亏本一万多元的，在古耕虞的帮助下，反而赚了四万元。

无论你所从事的是什么行业，要想取得成功，就必须首先具有良好的品德和健康的人格。在芸芸众生之中，为什么有人就能脱颖而出，而有人就会默默无闻？卡耐基认为，区别在于他们是否已经具备了某种完整的人格。而且，这种人格离我们并不遥远。

在很多年前，卡耐基就已经发现，虽然他不能阻止别人对他做出不公正的批判，但是，他可以做一件非常重要的事：他可以让自己不受那些不公正批判的干扰。正如他自己所说："尽最大努力做你应该做的事，然后把你的那个破伞赶快收起来，以免让批判你的雨水顺着后脖颈子流下去。"

　　每个男孩都希望成就一番事业。看看那些杰出人才走过的路，你会发现，他们遭受失败的原因或许是千差万别的，而成功的经历却大致相同：那就是在少年时期，他们就养成了实现成功的美德，为日后驰骋天下打下了坚实的基础。

　　有品格的人生是高贵向上的，一个人的内在素养和取得的成就是成正比的，人格是需要我们用生命去捍卫的！

　　成功箴言：人格是人一生最重要的资本！

2. 人生要勇于承担
—— 责任让男孩变成男子汉

西点军校的《学员队章程》中还有这样一条规定：无论在任何时间、任何地点，无论是否穿着军装，无论是否在执勤或是进行着私人活动，每个学员务必要履行自己的职责和义务。没有责任感的人就不配做军官。

有很多在西点毕业的，但是并不是很有名的学生，在为人处世上，都奉行着不推卸责任，不逃避责任的态度。

托尼森是西点 1966 届的毕业生，他曾经在自己的作品《西点军校领导课》中提到很多关于他自己的故事，我们从中不难发现他勇于承担责任的态度。

从军校毕业后，托尼森自愿申请去越南服役，于是他被派往越南金兰湾，负责修筑沿海地区的公路。在越南修筑公路时，以托尼森工兵团少尉的身份，又是美国大兵，完全可以只做监督工作，但是他却实打实地和大家一起同甘共苦，他对自己说：我不应该在看见他们的双脚踩在泥水里时，还让自己的双脚干着。

他在作品中还提到：西点教导我必须清楚地知道自己的责任，西点的训练使我懂得，敢于承担自己的职责才称得上是真正的男子汉。

艾森豪威尔将军在第二次世界大战时率领英美联军渡过英吉利海峡，计划在法国诺曼底登陆。这次登陆事关重大，然而就在一切准备就绪的时候，英吉利海峡狂风大起，接着下起了倾盆大雨。几千艘战艇泊在海湾等待时机，几十万名军人被困在海岸上进退两难。

气象学家终于带来了好消息，三小时后天气将转为晴朗。艾森豪威尔当然明白，这是个能够对敌人攻其不备的绝佳时机，但是其中仍然暗藏危机，如果天气情况不是预期的那样，那么军队将会遭受巨大损失。

经过慎重考虑之后，艾森豪威尔决定发起总攻，之后的结果众所周知，因为这就是历史上著名的扭转第二次世界大战局势的"诺曼底登陆战役"。

在发起总攻之前，艾森豪威尔将这刻所作的决定都记录在了日记中，他写道："基于当时情况下所掌握的情报和现实状况所作出的最佳决定，所以我做出了此时此刻发起总攻的决定。但是如果之后有任何不尽如人意之处需要有人来承担责任，那么所有的一切将由我一人承担。"

正是艾森豪威尔始终持有不逃避责任、不推卸责任的态度，才使他获得了无数人的爱戴和支持，并在几年之后被选举为美国总统。

男孩子作为男子汉的预备役，想要变成真正的男子汉，就要明白，我们在生活中需要履行承诺，说到做到，说一不二，才能够获得他人的认同和尊重。

1921 年的一天，美国一个 13 岁的男孩和他的伙伴一起踢足球，这个男孩不小心把足球踢到了邻居家的窗户上，一声脆响，玻璃碎了。这时，从屋里走出了一位老人，大声责问他们到底是谁把足球踢到了玻璃上，伙伴们都吓得跑掉了，但是这个小男孩向老人低头认错了，老人要求这个男孩赔偿 15 美元。

当时的 15 美元对于一个孩子来说堪称是一笔"巨款"，小男孩只能回家请求父亲的帮助。可是一向对他宠爱有加的父亲却对他说："我可以把这笔钱借给你，但是你要通过自己的劳动再把这笔钱还给我。因为这是你的责任，应该由你自己来承担。"

在接下来的一年里，这个孩子每天除草赚钱，终于攒够了 15 美元还给了父亲。父亲表扬他说："一个敢于为自己行为负责的人，将来必定会有出息。"

这个小男孩就是后来当上美国总统的里根。

在美国经济危机时，里根的父亲破产了。那时，里根刚刚大学毕业就

59

承担起了养家的职责，他始终牢记着自己的责任感，而这种责任感为他走上政界打下了坚实的基础。

男孩们，如果你们面临着里根当时的情况会怎样选择呢？是勇于承担责任还是消极逃避责任？或许你觉得一时逃避责任无所谓，但是一旦形成这个不良习惯，你就等于成为了一个手不能提、肩不能扛的庸人，一生无所作为。

责任是西点军校对学员最基本的要求，它要求所有学员从入校那天起，都要心甘情愿地以服务意识去做那些应该做的事，都有责任和义务履行自己的职责，而且不应是为了得到奖赏或是逃避处罚而履行职责，而是出于内心深处的责任感。

正是由于西点军校多年来向其学员实施的这种责任感的教育，才为毕业后的学员履行为祖国献身的职责奠定了坚实的思想基础。

西点军校的学员对这样一句名言是非常熟悉的："人生所有的履历都必须排在勇于承担责任的精神之后。"男孩与男人最重要的区别就是：男人坚实的臂膀上能够承担起属于自己的责任。

因此，愿意承担责任和义务是男孩变为男子汉的标志，因为只有强者才能对自己负责，把握自己的言行，主宰自己的命运。

成功箴言：责任具有至高无上的价值，是一种与生俱来的使命。

3. 诚信胜于一切雄辩

—— 诚实比一切智谋更好

第一次世界大战时，陆军部部长牛顿·贝克将军曾经这样说过："在处理日常的事物时，有些人也许由于工作的不精准或是不真实而受到同事的不敬重，甚至会受到法律的严惩。但是对于一名军官而言，如果他的工作不精准、不真实，那他就是在玩弄伙伴们的性命，损害政府的利益。"

因此，诚信问题对于一名士兵而言，并不是什么自豪自尊的问题，它已经成为一种绝对的需要，这就迫使西点要求其学员养成这种毫不含糊、不打折扣、绝对诚信可靠的性格。对组织纪律的严格要求，与其说是一种骄傲和自豪，倒不如说是西点的一种教育手段，是依靠它来培养学员一丝不苟的诚信品质。

做人就要以诚信为本，没有千金一诺、没有正直忠诚的道德勇气，就很难成就非凡的事业。西点对此强调过，坚定地履行诺言不是件容易的事，但是实践诺言所得的回报却是丰厚的。

或许有时你撒了个谎，做了件虽然不诚信但是无伤大雅的事情，可以在短时间内获得一些小利益，但是往往为了圆一个谎话，需要用无数个谎话来填补，最后漏洞百出，不但获得不了任何利益，反而会变成嚷嚷"狼来了"的孩子，最终自食恶果。

有这样一个小故事非常有趣：

有一个外教在中国大学里教的是公共英语这门课程，他上课非常认真，为了教好外语课，还特地和几个同事合伙编写了一本配合教材的参考书。每当期末考试前夕，中国老师往往都要按照惯例画上重点，但是这名外教却没有这么做，而是让同学们打开他们编的教材参考书的最后一课，学习了《关于诚实》这篇文章。文章中有一句话是这么写的："听说在中国作弊是一种很普遍的现象，几乎每个学生都作过弊，可是我却不相信，因为，一个作弊的国家怎么会如此昌盛和强大呢?"

课文的最后还这样写道："即使在考试中你真的作弊了，我们也不会揭穿你，还会装作没看见，因为生活本身对作弊者的惩戒要严厉得多。孩子们，你们的信誉是无价之宝，你怎么可能用那点考分就把它出卖了？糟蹋自己的信用无异于是拿自己的品行作典当，而且很可能是你赎不回来的典当。往往刚开始经商的人会认为，人的信用是建立在金钱基础上的，一个人有了钱，就会有信用，其实这种想法是不对的。与百万财富相比，诚实的个性、精干的才能和勤奋刻苦的精神要重要得多。"

有一位教育学家说："我眼中的好学生无非要有两方面的能力：一是'聪明'，即智商、情商都很高；二是'努力'，即愿意尽其所能成为顶尖的人才。但是如果没有'诚信'作为这两项能力的基础，那么所谓的人才就不能称之为人才，甚至有可能走上一条不归路。"

"男子汉吐口唾沫是个钉"，只有从小培养自己的诚信品格才能成就大事，获得真正的成功。

华盛顿生长在大庄园主的家庭里，他们家有个很大的果园，果园里种植着各种果树，但其中夹着一些杂树。这些杂树长得很高，而且不结果实，影响了其他果树的生长。

一天，华盛顿的父亲给了他一把斧头，要他把那些杂树砍掉，但是需要注意的是不要砍到自己，也不要砍到那些果树。

可就在华盛顿不停砍伐杂树的时候，却一不留神砍倒了一棵樱桃树。他怕父亲知道后生气，就把他砍断的所有树都堆在一起，并把那棵樱桃树藏在了杂树的下面。

傍晚，父亲在果园看见了从那棵倒下的樱桃树上掉下的樱桃，就明白了一切。但却装作不知道，还表扬华盛顿说："你真能干，一下午就砍了这么多杂树，而且还把他们堆到了一起。"

　　听到父亲这么夸奖自己，华盛顿脸红心跳，低下头惭愧地对父亲说："对不起爸爸，我一不小心把那棵樱桃树砍坏了，而且怕你发现还把那些树堆起来。我错了，请您责备我吧。"

　　父亲听他这么一说，哈哈大笑起来："你是个诚信的孩子，所以爸爸很高兴。虽然你砍倒樱桃树是应该受到惩罚的，但是你坦诚地告诉了我，我就已经原谅你了。你知道吗？我宁可不要所有的樱桃树，也不想听到你说谎。"

　　华盛顿不解地问道："诚信有那么重要吗？能代替所有的樱桃树？"

　　父亲接着说："对于一个人来说，诚信是最重要的美德，只有诚信的人才能在社会上立足，才能取得别人的信任。看到你具备这么好的美德，我就放心以后把庄园交给你了，你一定会经营得很好。"

　　此后，华盛顿毕生都把诚信作为做人的基本准则。

　　《百万富翁的智慧》一书中提到，对美国 1 200 万个富人的调查结果表明，他们能够取得成功的法宝在于诚信、有自控力、勤奋努力和有贤内助，其中诚信被放到了首位。

　　也许诚信会对一个人一时的际遇造成影响，但是终究会帮助人们实现真正的自我价值，并取得巨大的成功。因为诚信胜于一切雄辩，是比任何智谋都好的品质。

　　成功箴言：做人要以诚信为本。

4. 胸襟的宽度决定处事的高度
—— 心有多宽，路就有多广

虽然西点是一所培养军事力量的学校，却教导学生：征服人心并不能依靠武力，而是要靠爱和宽容。

西点尊奉这样的格言：天空能够容纳那么多的云彩，所以天空如此广阔；做人也是同样的道理，广阔的胸襟才能带给人更高的风度和境界。

男孩们，如果你的朋友无意间给你带来了麻烦，或是因为情绪一时失控而对你言语失敬，你是选择愤怒还击还是宽容以待呢？有一句名言说得好："宽容有时引起的道德震动比惩罚来得更猛烈。"

人与人之间的相处或多或少都会产生一些摩擦，这就需要我们每个人有所听，有所不听。如果别人对你表示关爱，那你就洗耳恭听；如果他们正处在不好的情绪中，他们那时的言语也并非心中的本意，你又何必去较真呢？

美国历史上伟大的科学家本杰明·富兰克林取得的杰出成就与他的胸襟和气度是密不可分的。

富兰克林出生在一个铁匠家庭，13 岁时就去了费城打工。一个阴险狡诈的印刷厂厂长雇用了他。当时，富兰克林已经能够非常熟练地操作那些机器，并且拥有家传的制作模块的方法。但是他并没有藏起自己的本领，而是对一些低薪水的操作工倾囊相授。

由于富兰克林把技术都教给了那些廉价劳工，所以厂长就开始找富兰克林的麻烦，甚至无缘无故地克扣他的工资。

当富兰克林识破他的阴谋后，对他说："你不用绕弯子了，我会主动辞职的。不过，在离开前的这几天里，我仍然会把我掌握的这些技术传授给那些工人。这样的话，即使将来他们被你解雇，也一样可以找到一份好工作。"

很多人都觉得富兰克林很傻，但是事实证明，他的宽容让他在以后的人生道路上受益匪浅，因为他曾经无私帮助过的那些人都给了他莫大的帮助和支持。在他二十几岁时，也正是靠朋友帮忙开了一家印刷厂而起家的。

后来，在此基础上他才成为美国历史上杰出的科学家、文学家和政治家，而现今美国百元钞票的头像依然是富兰克林。

如果富兰克林不曾真心帮助过那些工人，那么他在以后的创业中也不会获得那么多的助力。宽容就是有着这样的魔力，能够让你在生活的道路上少一分阻力，多一分成功的助力。

男孩拥有了宽阔的胸襟和气度，即使面对强敌也不吝赞美之词，并且在行为上表现出宽容。当报复的机会来临之时，是验证这种胸襟的绝佳时刻。它并不回避可施报复的情况，而是善加运用，化潜在的报复行动为出乎意料的慷慨举措。一个人的优秀就在于此，男孩的超凡境界也由此而生。

春秋时期的管仲自幼与母亲相依为命，他天资聪颖，遇事好动脑筋，也喜欢接近一些贤士名流。

管仲家里非常贫困，为了生计，他开始学做买卖，把母亲编的草帽拿去集市上卖。母亲把草帽编得非常精美，所以他定了很高的价格，可是一天连一顶也没卖出去。

正在管仲又困又饿的时候，鲍叔牙从此经过，便和管仲攀谈起来。管仲的学识和修养令鲍叔牙刮目相看，于是鲍叔牙邀请管仲在他家住下。一有时间，他们两人便纵论天下大事，有种相见恨晚的感觉，从此结拜为兄弟。

后来他们一起做起了买卖，为让管仲摆脱贫穷的局面，鲍叔牙总是把赚来的钱多分一些给管仲，管仲很是不好意思，鲍叔牙说："朋友之间就应该互相帮助，你就不要和我客气了。"

多年以后，在鲍叔牙的帮衬下，齐桓公取得了王位，鲍叔牙也被封为一人之下万人之上的宰相。而管仲辅佐的则是齐桓公继位前的对手公子纠，公子纠被杀后管仲被囚。鲍叔牙深知自己的才能远不如管仲，便向齐桓公极力推荐管仲。

没想到，齐桓公真的重用了管仲，在管仲和鲍叔牙的辅助下，齐国渐渐强盛起来，齐桓公最终成为春秋时期的首位霸主。

"管鲍之交"流传至今，一直为后人所赞誉。鲍叔牙宽阔无私的胸怀、对朋友的重视和信任一直被世人所称道。

对异己的包容，对陌生人的欢迎以及对不如己者的体谅，才可以称之为真正的宽容；那种用天下之材、尽天下之力的气度，才可称之为真正的胸襟。只有这样才能获得更多的朋友，成就更高的事业。

成功箴言：广阔的胸襟使你通向成功的道路更为宽广。

5. 成功者永远明白自己的不足
——越成功越要谦虚

在西点军校，有四种回答军官和高年级学员问题的标准答案，"报告长官，我不知道"就是其中的一种。

西点并不认为告诉别人"我不知道"是可耻的，相反，他们认为在真实情况下回答"我不知道"是一种诚实的表现，是维护自身荣誉和原则的表现，是有责任感的表现，更是一种谦虚的态度。

相比"我不知道"这个回答，那些不负责任地寻找借口或是盲目骄傲自大是非常不可取的。与其绞尽脑汁寻找无知的借口，或是刚愎自用，认为自己什么都懂，还不如恭敬地回答"我不知道"。

西点军校是由美国第三届总统托马斯·杰弗逊签署法令成立的，由此便开始了它的辉煌历程。杰弗逊总统以其谦逊的风度和好学的精神而被美国人所牢记。

杰弗逊出生在美国的一个贵族家庭，父亲是军队上将，母亲是名门之后。当时的贵族是不会和平民来往的，但是杰弗逊没有守着这些恶习，而是常常向诸如园丁、仆人、农民或是工人等平民讨教各种专业知识，也很乐于汲取这些有用的知识。

杰弗逊一表人才，在数学、农艺和建筑学方面都有很深的造诣，他自行设计的府邸至今都是经典建筑，他还拉得一手漂亮的小提琴，他的谦逊风度使他在社交界非常受欢迎。

当时，杰弗逊还曾劝告法国的政治家拉法耶特："你应该像我一样，多去老百姓家里走动走动。看看他们吃的什么、喝的什么，你就会明白他们不满的原因，也会因此而懂得正在酝酿的法国革命的意义所在了。"

一位对杰弗逊非常熟悉的作家这样写过："相比总统而言，杰弗逊看上去更像是一位谦虚的哲学家。他自己一个人骑着马去参加宣誓就任总统的典礼，然后把马拴在附近的栏杆上，步行去的典礼现场，为人谦虚低调。"

杰弗逊的著作有将近 60 卷，现已全部出版。他在 1776 年出版的《独立宣言》曾经让千万人为之振奋。

杰弗逊用自己渊博的知识和谦逊的态度征服了美国民众的心，成为美国历史上伟大的总统。而有着同样谦虚态度的人还有古希腊著名的哲学家苏格拉底，每当人们对他渊博的学识赞不绝口时，他总是回答："我唯一知道的就是自己的无知。"

一个真正成功的人，永远都明白自己身上的不足。不是因为他比别人逊色，而恰恰是因为他优秀，明白"天外有天，人外有人"的道理，懂得越多，也就越能够了解自己的不足。只有那些什么都只懂一点却又什么都不精通的人，才会总想着炫耀自己。

爱因斯坦是 20 世纪最伟大的科学家之一，他的相对论以及在物理学其他方面的研究成果，留给我们的是一笔巨大的财富。然而，就是这样的一个人在有生之年仍然不断地学习、研究。

有人问爱因斯坦："您已经是物理学界的'奇葩'了，何必还要学习呢?"

爱因斯坦没有立即回答他的问题，而是找来纸和笔，在纸上画了两个大小不一样的圆圈，对那个年轻人说："在目前的情形下，在物理学的领域里，你可能没有我懂得多。你知道的就像这个小圆，而我知道的就是这个大圆，然而整个物理学界是没有边际的。由于小圆的周长小，所以接触到未知领域的面积就小，感受到自己未知的东西就少;反之，感受到自己未知的东西就多，就会加倍努力地去探索。"

骄傲的资本不属于任何人，因为即使一个人在某方面有着很深的造诣，也不能说明他彻底精通了。所以，没有一个人可以认为自己达到了最高境界，从此便趾高气扬、停止前进。如果那样的话，不久就会被同行赶上，并被远远地甩在身后。

美国石油大王洛克菲勒说："当我从事的石油事业如日中天时，每晚睡前我都会告诫自己，如今的成就还不值得一提。在以后的路途中还有很多艰难险阻，稍不留意便会前功尽弃，切忌让自满的意念吞噬你的头脑，务必小心！"

越是有内涵、有修养的成功人士，态度就会越谦虚，只有那些浅薄、自以为是的人才会骄傲自满。

盲目骄傲自大的人如同井底之蛙，目光短浅，严重阻碍了自己前进的步伐。傲慢者可能会有点小才，但他井蛙窥天般的狭隘视线，会使他疏忽不断进取的重要性，也使他领会不到"不进则退"的内涵，逐渐变得无知、愚蠢，从而变得更加傲慢，这种恶性循环最终会贻误自己。

所以，切勿让骄傲支配自己的头脑。由于骄傲自满，人们会拒绝好意的劝告和帮助，会失去判断的能力。

一个真正成功的人永远明白自己的不足，打开自己的心胸，善于接纳更多的信息，永远明白自己身上的不足之处。以人之长，补己之短；有则改之，无则加勉。将傲慢的不良习性彻底抛在脑后，同时也不断地提升和完善自我。

成功箴言：谦虚的态度能够打开宽广的视野。

6. 只有先控制自己，才能控制他人
—— 一定要学会自我控制

西点著名教官约翰·阿比扎伊德中将说："如果你想立足于世界，首先要战胜自己。"

高度自制才能实现高度自由，这绝对是男孩们应该奉行的警世格言。那些处于叛逆期的男孩，几乎没有谁不向往自由不羁的生活。然而，这个世界上永远不可能有绝对的自由。比如：你获得了对学习无所谓的自由，就会失去将来选择学校的自由；你获得了生活消极散漫的自由，就会失去将来选择工作的自由；你获得了随意撒谎骗人的自由，就会失去家长和老师充分信任的自由……

因此西点军校历来就非常重视对学员自制力的培养。《西点军事职业教育发展总方针》指出："自制是一种值得特别关注的性格品质，它与正直一样，贯穿于模范地履行职责和个人行为的所有方面。"所以，西点也要求每个学生都能成为具备自制力的战士。

美国石油大亨保罗·盖蒂以前是个烟鬼。有一天，他在一个小城的旅馆里住下，凌晨两点醒来想抽烟，可是烟盒里已经没有烟了。这个时间旅馆的餐厅、酒吧也已经关门了，他获得香烟唯一的途径就是到几条街外的火车站去买。越是在没有烟的情况下，想抽烟的欲望就越大。

于是他穿好衣服，但在伸手去拿雨伞的时候，突然停住了。他不禁问自己："我这是在干什么？一个所谓非常成功的商人，一个自认为可以冷静明智地对别人下命令的人，竟然在半夜三更，冒着大雨，走过几条街，仅仅是为了抽根烟？"

　　想到这里，盖蒂把空烟盒揉成一团，扔进了垃圾筐，换上睡衣重新躺在床上，带着一种解脱甚至是胜利的感觉进入了梦乡。

　　从此以后，保罗·盖蒂再也没有抽过香烟，他的事业如日中天，他也成为世界巨富之一。

　　古希腊德尔斐城的帕提农神庙里，刻着苏格拉底的名言：认清自己。一切的成就和财富都是从一种意念开始的，那就是自我意识。自制是指引你方向的平衡轮，它对你的行动是有所帮助的。一般年轻人的通病就是无法自我控制，这也是成功的劲敌。一个人要想成为赢家，就务必靠自己的努力取得成功。

　　男孩们，怎样才能判断自己是否有自制力呢？我们先来做个小测试：

　　你是否会明知道功课很多却仍然喜欢拖到最后一秒？

　　你是否会常常想要安静下来学习却根本控制不住自己？

　　你是否会因为同学说了几句不中听的话就大发雷霆？

　　你是否会因为父母没有认同你就自暴自弃？

　　你是否会去做一些明知会导致不好后果的事情也在所不惜？

　　如果有三种以上现象你的回答为"是"，那么恐怕你就是一个自控能力还不够的孩子。

　　一个人性格的力量分为两种：一是意志力，一是自制力。自制力能够带来成功，而缺乏自制力，情绪化严重的行为举止只会带来失败。对于男孩们而言，情绪化严重，爱与人争论，无法专心去做某件事都是缺乏自制力的表现。

　　如果一个人想要取得成功的硕果，就必须学会摒除情绪化的习惯，用理智来驾驭自己，用自制力来引导自己。成功者之所以能够取得成功，并非是得到了上天的眷顾，而是在于他善于改变看问题的态度，从而改变了自己的命运。

　　一个人很难改变自己的性格，但是可以对其加以控制和引导。同样，一个人的情绪化也许有先天的因素作祟，但更多的是自己对情绪的放任，才造成情绪化这样的坏习惯。

有一个人名叫艾迪，只要一生气或是情绪不好时，就围着他家的房子和土地跑两圈。后来，他家的房屋越盖越大，土地也越来越多，但是郁闷时他还是绕着房子和土地跑两圈，哪怕累得满头大汗、上气不接下气，也从没有停止过。当艾迪年老的时候，只要一生气，他还是要拄着拐杖绕着土地和房子走两圈。

有一次，艾迪的孙子不解地问："爷爷，为什么您一生气就围着房子和土地转圈呢？"

艾迪看了一眼平时自控力很差的孙子，趁机劝诫道："年轻时，我只要一和别人吵架，就会绕着房子和土地跑两圈，一边跑我一边想：我只有这么小的房子和这么少的土地，哪有时间和精力和别人吵架生气呢？只要一想到这个，我就消气了。气消了以后，我就有更多的时间和精力去学习了。"

孙子又问道："可是现在您已经是富人了，而且也上了年纪，为什么还是绕着房子和土地走呢？"

艾迪笑道："现在生气时，就会边走边想，我拥有了这么大的房子和这么多的土地，又何必与人斤斤计较呢？只要这么想，我的气也消了。"

艾迪总是在生气或是情绪不好时，绕着他家的房子和土地跑两圈，其实也是一种控制情绪的好办法。把目光从让你愤怒的事情中转移出来，这样的控制才能使你始终把目光放在成功上，你才会获得比其他人取得成功的更多的机会。

世界上最难得的人就是拥有很强自制力的人。威廉·乔治·乔丹曾经说过："每个人都有两个创造者：上帝和他自己。上帝给人提供的是生命的原材料，及生活中必须遵守的法则，只有遵守这些法则，人们才能按照自己的意志创造自己的生活；第二个创造者就是我们自己，一个人自身拥有着非常强大的力量，但却很少把它发挥出来。一个人怎样对待自己、塑造自己才是最重要的。"

高度的自制才能实现高度的自由，这也印证了歌德的一句名言："一个不能控制自己的人，就不可能控制别人。只有先控制自己，才能控制别人。"

成功箴言：能够自制的思想，才是自由的思想。

7. 冲动，绝不是真正英雄的性格
—— 遇事不惊，处事不乱

在西点的军事教育宗旨中，明确提议要培养学员"理性的勇敢"。

勇敢的人处处有路可走。西点军校正是看中了这一点，才把勇气的培养放在了关键的位置。当然，西点培养的绝不是不计后果的莽夫，而是无所畏惧、沉着冷静的勇者。

"理性的勇敢"不是那种不考虑环境因素、草率冲动的"路见不平一声吼"的勇敢，不是那种看不惯就出手相搏的勇敢，或者说不是简单的血气方刚之勇，更不是三分钟热度的冲动。"理性的勇敢"更多地表现为控制情绪、冷静分析和临危不惧。

华盛顿从小家教就非常严格，当他还是小学生的时候，家里就让他抄写一百遍"如何成为一名绅士"的准则。

华盛顿在军队时，曾驻守亚历山大市，那里的弗吉尼亚州议会正在进行议员选举，一个叫威廉·佩恩的人与华盛顿持有不同的政治见解，因此他们所支持的议员人选也不一样。

于是两人展开了一场舌剑唇枪的辩论，辩论到激烈之处，华盛顿一时没有控制住自己的情绪，说了几句比较难听的话。脾气暴躁的佩恩大怒之下挥起手杖将华盛顿暴打一顿。

这时，华盛顿的部下很快就赶到现场，试图为他们的长官报仇，华盛顿却劝阻大家保持冷静，先退回营地，他自己会解决这个问题。

第二天上午，华盛顿把佩恩约到一家酒店里见面。按照当时贵族的习俗，佩恩认为华盛顿会提出和他决战并要求他赔礼道歉，他没法拒绝，只能赴宴。

不料，到了酒店以后，佩恩看见等待他的不是愤怒的华盛顿，而是笑逐颜开、手持酒杯的华盛顿。华盛顿看到佩恩惊讶的表情，对他说道："佩恩先生，请你原谅我昨天的鲁莽，今天我们将以前的不快一笔勾销，握手言和，做个朋友，怎么样？"

就这样，华盛顿遇事不乱、处事不惊的行为帮他得到了一个朋友而不是敌人。从此以后，佩恩成为华盛顿忠实的支持者。

如果当时华盛顿选择更加冲动的行为，事情的结局将会如何呢？或许当天恼怒的他会对佩恩一顿暴揍，那么他们将会受到军纪的处分而断送前程。又或者，华盛顿第二天难消怒火而决定要和佩恩决斗，那么华盛顿自己也可能有危险，甚至会危及无辜的生命。但是华盛顿没有这么做，他化敌为友的选择不仅使他遵守了纪律，赢得了尊重，还得到了朋友。

年轻的男孩们或许觉得冲动是一种有血性的表现，会让自己看上去像个男子汉，很有英雄气魄。但是看完这个故事，你们是否有所觉悟呢？

华盛顿是个英雄，这一点毋庸置疑，美国首都就是用他的名字而命名。但是鲁莽对他的政治生涯并无益处，冲动更加不是英雄的性格。待人宽厚的风度和一笑泯恩仇的气度，才是真正男子汉的处事原则。

一个小男孩总是没办法控制自己的情绪，经常莫名其妙地发脾气，冲动鲁莽的行为总是给家里带来大大小小的麻烦。

有一天，父亲给了他一大袋钉子，让他每次想发脾气或是遇事冲动时，就在后院的栅栏上钉个钉子。

第一天男孩在栅栏上钉了整整十个钉子。几个星期过去了，男孩看着栅栏上一排排的钉子便有所领悟，逐渐学会了掌控自己的情绪，遇事冷静处理，于是栅栏上新增的钉子慢慢地少了。

父亲发现了他的变化，便建议他说："如果你能够坚持一天都不发脾气，那么你就从栅栏上拔下一个钉子，我们来看看你多久可以把这些钉子拔光？"

男孩的斗志瞬间被激起，坚持不鲁莽不冲动，没过多久就拔光了所有钉子。

这时，父亲领着男孩来到栅栏边，对他说："你做得非常好。但是，你看，栅栏上留下了密密麻麻的小孔，再也回不到以前的样子了，你对此有什么感悟吗？"

男孩思考片刻摇了摇头，父亲笑了笑说道："你向别人发脾气的时候，你的言语就像钉子一样扎进别人的心里，即使事情过去了，别人的心上也会留下小伤痕。我们或许也可以为你去弥补这些后果，但是人们对你的观念和评价却是无法完全挽回的，所以也会留下密密麻麻的钉孔难以愈合。"

男孩听后才追悔莫及，父亲轻轻拍着他的头说："没关系，你现在开始明白这个道理并不晚。但是你要牢记：冲动并非英雄的性格。"

并不是所有言语上的伤害都可以挽回，并不是所有冲动的行事都可以弥补。每次冲动之前，思考一下自己可能会因此付出的代价会对你有所帮助。

一个成功的人必定能够很好地控制自己，控制自我不是说不发泄情绪，也不是说没有脾气，过度压抑反而会事与愿违。良好的自控能力就是不要凡事都情绪化，而是要适度地加以控制，这是一种能力的体现。遇事不惊、处事不乱，才可称得上是真正的英雄。

成功箴言：有良好自控能力的人才能更好地驾驭生活。

8. 在关键时刻能够坚持原则
—— 坚持原则是人生的基础

在西点军校流传着这样的一个故事：

托马斯在西点军校毕业以后开了一家工厂，自己当起了老板。

一天，托马斯和他的妻子去野外郊游，他不小心掉进了池塘里，挣扎着大喊"救命"。可是那里荒无人烟，根本没人能听见他的呼叫声。

他的妻子急得直跳脚，可是她也不会游泳，只好对托马斯大声喊道："你坚持住，我到厂里去搬救兵。"托马斯的工厂就在附近。

"等一下！"池塘里传来急切的声音，"现在几点了？"

"四点半。"妻子回答道。

"那你等五点后再把他们叫来，因为我说过，在任何情况下，都要遵守上下班时间的规定。"

还有一个比较有趣的小故事：

俄国著名的钢琴家鲁宾斯坦在巴黎举行了盛大的演奏会并取得成功。第二天，一位贵妇人找到他说："我是您忠实的听众，可是我没有买到下次演奏会的门票，它已经卖光了。"

鲁宾斯坦当然听出了她的话外之音，但是他手上没有票，更不希望给主办方带来麻烦，因为这是原则问题。怎么办呢？如果直接拒绝，就会给自己的"听众"留下不好的印象。

他想了想，笑着说道："夫人，非常抱歉，我手上也没有门票，但是在大厅里还有一个位置……"

这位贵妇人很高兴地说："您说的位置在哪儿呢？"

"在钢琴后面。"鲁宾斯坦回答道。

钢琴后面不是演奏家的位置吗？夫人听过哈哈大笑，说："您真幽默！"当然夫人也明白了鲁宾斯坦的意思，也就不再强求了。

这两个故事虽然有幽默的成分在里面，但是它们也告诉了人们，尤其是男人，在关键时刻更要坚守原则的道理。

记得有位哲人曾经说过："原则性是领导工作的脊柱。"换句话说，原则也是做人的灵魂和支撑，做人一定要讲原则。

一个人如果只尊奉"好人主义"，时时处处想做"和事佬"，长此以往，他就会失去支撑，就像一堆肉泥一样瘫在地上，不仅在事业上难有作为，还会让人瞧不起，失去很多朋友，甚至会走上犯罪的道路。

前几年，河南经济电视台以"富豪的发迹史"为题，报道了淇县人民医院被一个年过花甲、大字不识的农民贾长平，利用给医院修水利设备的机会，采取擅自涂改发票、虚报冒领等手段，十几年来从医院财务部门骗取现金60多万元，给医院造成巨大的经济损失。这篇案例的报道，发人深省。

其实，在贾长平行骗的十几年中，有很多蛛丝马迹，甚至有的还非常明显，但是并没有人怀疑他，最终给国家资产造成了严重的损失。例如，他使用的票据是用废品从别人手中换来的过期发票，甚至有明显的涂改痕迹，按规定是不给报销的；还有一次性的修理开支就高达5万多元……可是这些破绽都被他蒙混过关了。

这就充分说明了财务人员缺乏责任心、没有原则，不按章程办事。如果有一个同志能够发现问题并及时向上级反映，贾长平就不会阴谋得逞；如果有一个领导在报账签字时严把关口，贾长平也不会有可乘之机，屡屡得手。

还有一个重要的原因是贾长平和医院的人都混熟了，平时没少给他们好处，因此，财务部门觉得只要有领导签字，又不侵害自己的利益，也就睁一只眼闭一只眼地过去了。

虽然此案已经告破，相关的责任人也都受到了相应的惩处，但是留给我们的教训却是深刻而沉痛的。在大力发展市场经济的今天，做人做事都要讲原则，不然就要吃亏犯错误。在实际的工作和生活中，这种不讲原则的现象并不少见，要引起我们的重视。

做人讲原则是众人皆知的道理。那为什么在现实的工作和生活中，有些人却放弃原则，不顾国家、单位和他人的利益而违法犯纪呢？

这恐怕与人们认识上的偏差和行为上的脱轨有着紧密的联系。比如，有些人认为，在目前的市场经济社会，人们看重的是关系，过于讲原则是不合时宜的。平时，我们也会经常听到这样的话："都什么年代了，还和我讲原则。"似乎发展市场经济和讲原则是互相矛盾的。

其实，不管是计划经济还是市场经济，都是要讲原则的，没有原则就没有规矩。俗话说得好，"没有规矩，不成方圆"，没有规矩，经济发展就很难维持良好的秩序。

一个人要想立足于社会，在事业上做出一番成就，在朋友中建立起威信，那就必须讲原则，因为坚持原则是人生的基础。这不但是法律授予我们的权利和义务，而且也是思想道德建设的内在要求，同时也是做人做事、处理各种复杂关系的准则。

当然，强调讲原则并不否认讲人情，讲原则和讲人情并不矛盾。讲原则也是对人负责，本身就充满了人情味；而不讲原则就会导致别人或自己犯错，也就失去了人情，这才是不可取的。

所以，讲原则是为了更好地维护和巩固人情，是建立在不违反原则的基础上的。违反原则去讲人情，那不叫人情，而是交易，是需要我们特别注意防止和克服的。

成功箴言：坚持原则是你成就事业的基础。

第四章

管理自我
——管理好自己才能经营好人生

1. 每天进步一点点
—— 成功人士总能"挤出"所需要的时间

　　著名投资专家约翰·坦普尔顿经过多年的研究分析，得出一条原理："多一盎司定律。"1盎司①相当于1/16磅，但就是这点区别，就会使你的工作大不相同。他指出，获得卓越成就的人与获得一般成就的人所付出努力的差别是很小的——只是"多1盎司"。但两者所取得的成就，却是迥然不同的。

　　西点军校一直教育学员们，大成功是由无数的小目标积累出来的，每个成功人士都是在完成很多个小目标之后，才实现了他们远大的梦想。

　　人生就是一个追求卓越和杰出的过程。一个人如果每天都能够进步一点，那么这样的过程就称得上是成功。日本在第二次世界大战后被原子弹炸得体无完肤，为什么却能在短短几十年以后成为经济强国呢？

　　第二次世界大战后，当时的日本经济一片萧条，日本企业便从美国请来了一位管理学博士戴明，戴明博士就告诉日本人"每天进步一点点"这个观点。他说企业只要采纳这个观点，那么这个企业就一定会茁壮成长，结果这个理念真的被日本采用了。

　　之后，日本企业每天都在研究这个观念，这个理念造就了本田、松下、三菱的成功，使日本快速发展成为经济强国，这就是后来日本人口中的"改善管理"。

　　因此，日本人几乎不用发明什么新产品，他们都是在模仿别人已经有的东西，然后再加以改善。像索尼发明的随身听，就是从收音机的身上改

---

　　①　1磅=16盎司=0.453 6千克。

善而来的。

如今，在日本的先进企业评比中，"戴明博士奖"为最高的荣誉奖，可见日本人对戴明博士是多么敬重。后来，戴明博士又被美国福特公司给请回去了，福特公司从濒临倒闭的企业变成一年营业额超过50亿美元的大型企业。

男孩子们一定要记住，成功是一点一滴积累的结果。在时间上，我们要学会充分利用零碎和闲暇的时间，也就是通常所说的"挤出"更多的时间。

董遇是三国时期的大学问家，他要求前去找他求学的人先"读书百遍"，然后才"其义自见"。每当求学者对此抱怨说"没有时间"时，他回答道："当以'三余'，即'冬者岁之余，夜者日之余，阴雨者晴之余'也。"意思就是说要利用寒冬、深夜和雨天来学习。

古人就已经知道要利用闲暇的时间来做学问了。现代人的生活节奏日渐加快，大多数人都觉得时间不够用，很多事情都完不成。而鲁迅先生曾经说过："时间如同海绵里的水，只要愿意挤，总还是有的。"事实也正是如此。

有人算过这样一笔账：如果每天临睡前拿出10分钟看书，假设是一个中等水平的读者看一本普通的书籍，每分钟能看300字的话，那么10分钟就能看3 000字，一个月就是90 000字，一年的阅读量可以达到1 080 000字。而书籍的篇幅从60 000字到1 000 000字不等，每天读10分钟，一年就可以阅读20本书。这个数字是相当可观的，远远高于世界上人均年阅读量，而且实现它并不难。

同样的道理，如果你觉得自己没有思考问题的时间，不妨尝试每天睡前挤出十来分钟，一旦形成习惯，就很容易坚持了。除了认真用好余暇时间，我们还要加以利用零碎时间。比如在车上、在路上或是等待时，可以思考一下某个问题或是做个简短的学习计划。

著名的成功学大师安东尼·罗宾就是一个善于利用时间的人。他在著作中屡屡强调时间的重要性。

一次，一所商学院把他请去做讲演，他并没有拿讲义，而是在讲台上放了一个透明的大玻璃瓶。

安东尼说："同学们，今天老师要给你们做个小实验。"

学生们都好奇地看着安东尼。只见他从书桌下面拿出一些拳头大的石块，然后逐个地放进了玻璃瓶，瓶子很快就被装满了。然后，他问学生："同学们看看，这个瓶子满了没有，是不是再也装不下了？"

"是满了。"同学们异口同声地回答。

"你们确定吗？"安东尼随后又从书桌里拿出了一包碎石，一点点地放进了那个玻璃瓶，晃一晃，这些碎石就都落进了那些大石头的缝隙中。

"现在这个玻璃瓶满了吗？"

同学们这次都很谨慎，没人说话，突然有一个学生小声说道："我想应该还没满。"

安东尼用肯定的目光看了看那个学生，然后又从书桌里拿出一杯细沙，缓慢地倒进了玻璃瓶，很快，细沙把碎石之间的缝隙填满了，不一会儿，在玻璃瓶的外面已经看不见石头了。"同学们，这次瓶子满了吗？"

"应该还没有吧？"学生们没有把握地回答道。

"没错，"安东尼这时又把一杯水倒进了玻璃瓶，水很快地渗下去了。安东尼微笑着问同学们："这个实验说明了什么呢？"

一个学生立刻站起来说："说明时间是可以挤出来的。"

安东尼点点头说："你说得很对！但是它还告诉我们一个道理，就是时间是不可以随便用的。如果把碎石、沙子和水先装进玻璃瓶里，那么这些大石块就装不进去了。而像我这样把石块先装进去，那么玻璃瓶里还会有很多空间可以利用。"

在人生道路上，总会有重要的事和不重要的事之分。如果你不把自己的时间规划好，那么那些重要的事情就没有时间去做了。大石块就像是生命中非常重要的事，而碎石、沙子和水就相当于生命中比较琐碎的事。如果把自己的时间花在这些琐事上面，那么就是在浪费时间。

对于时间，我们要进行合理地规划，认真利用，养成"每天多做一点点"的好习惯，这样才能使我们的学习和生活更有意义，也会更容易走上成功之路。

成功箴言：成功就是每天进步一点点。

2. 你的时间在哪里
—— 管理好时间，就是管理好未来

一个人要想取得成功，首先就要具备管理时间的能力，那么时间管理是什么呢？

它的中心思想是，更多地开发自己的潜质，更加主动自觉地规划自己的人生，而不是在工作或生活中被别人牵着鼻子走，即不要被外界因素所约束。

即使很多任务从各个方向向你涌来，有人不断地向你提出各种要求，你要完成的工作多如牛毛，你仍然可以通过合理地利用时间对工作应付自如。

航海者有句古训："不用在乎风向何处吹，关键在于我怎样驾驶帆船。"这也正如雷金所指出的：很多人比较注重活动本身（效用），却不注重目标（效果）。

要想解决这个问题，就要求我们对时间进行管理，合理地进行规划。管理时间的好处有以下几点：

利用较少的时间就能够把事情办好；

把自己的工作安排得井井有条；

取得更好的工作成果；

承受较少的身心压力；

取得更大的成就感；

从工作中获得更大的满足感；

获得完成更高一级任务的资格；

承受较小的工作压力；

在完成工作任务的过程中较少失误；

更好地达到人生目标。

当然，你所获得的最大的好处是利用和节省了最重要的稀缺资源——时间！

每当清晨漫步在高校校园，都能够看到很多边跑步边听外语广播的学生，他们明白充分利用时间的奥秘。很多人认为观赏原版电影是非常好的娱乐方式，而且又可以学习外语，岂不是一举两得。类似于这种的统筹规划，是现代人不可或缺的素质。能够同时做几件事的人，他们的脑筋的确转得很快，办事效率也会更高，无形中节约了大量的时间。

在美国著名作家杰克·伦敦的房间里，像窗帘上、衣柜上、镜子上、床头上等四处都贴满了各色各样的小纸条，上面写着各种各样的美妙的辞藻。每天睡觉前，他都会默念床头上的小纸条；第二天起来，他一边穿衣一边读着镜子上的小纸条；在休息时，他到处都能够找到启动创作灵感的词汇和资料；而每次出门前，他也会把小纸条放在衣袋里，随时都会掏出来看一看。

英国著名的女作家艾米莉·勃朗特年轻时，除了写小说，还要承担沉重的家务劳动，比如做饭、洗衣服、收拾屋子等。她做饭时都会随身带着笔和纸，一有灵感就会把脑子里的思想写下来，然后接着做饭。有时我们也会边工作边休息，只要把工作的性质稍加变动，就会很容易做到这一点。

这些成功的例子让我们认识到：统筹规划不但可以"延长"生命的时间，而且也是取得成功的捷径。

在学会统筹规划以后，管理好时间的另一个方法就是恪守时间。

美国总统华盛顿经常这样说："我的钟表从来不问客人到没到，它只问时间到没到。"他每天早上6点吃早饭，如果某天被邀请到白宫吃早饭的国会新成员迟到了，华盛顿就会自己吃自己的而不理睬他们，这使他们感到很尴尬。

有一次，他的秘书找借口说，自己之所以迟到，是因为他的表慢了。华盛顿听完说道："那么这样吧，要么你去换块新表，要么我换个新秘书。"

还有一次，华盛顿邀请元帅们来和他一起共进晚餐，然而，元帅们在规定的时间没有到达，华盛顿便自己吃了起来。等那些人来到的时候，他已经吃完了。华盛顿对他们说："先生们，就餐时间已经结束了，我们进行下一项工作吧。"

美国18世纪最伟大的科学家和发明家富兰克林对经常迟到却总是有借口的佣人说："我发现，善于找借口的人除此之外什么都不擅长。"

管理好时间最重要的一点就是不能浪费时间。

提到石悦这个名字，你可能会觉得有点陌生。但是说起畅销书《明朝那些事儿》，你或多或少都会有所耳闻，而他就是这本书的作者"当年明月"。他用了整整二十年的时间做了一件事，终于让五湖四海的人一夜之间认识了他。

石悦出生在一个平凡的家庭，父母都是普通的老百姓。他性格内向，上学时成绩一般，长相平平，也没什么特长，从小就被老师和家长视为资质平庸的男孩。如果非要从他身上找出特别的地方，那就是他对历史非常痴迷。

上小学时，当其他男孩舞刀弄枪、迷恋动画片时，他却如饥似渴地读着《上下五千年》。

光阴飞逝，高中毕业后，他考入了一所普通的大学。校园生活并没有他想象的那么丰富多彩，很多人都用谈恋爱、打游戏来消磨时间。而石悦只要一有时间，就一头扎进图书馆，在历史的长河中如饥似渴地畅游。

毕业后，石悦考上了公务员，当同事们在看报纸、聊天的时候，他经常在没有工作的时候写点有趣的历史故事。下班后，他会推掉所有应酬，在他那狭小的房间里，独自和刀光剑影、富贵浮沉的历史故事交流。

终于有一天，他决定写一本书。他利用业余时间完成了这本几十万字的书——《明朝那些事儿》，从此迅速蹿红，一鸣惊人。

在谈到自己如何成功时，石悦说："比我有才能的人，没有我努力；

比我努力的人，没有我有才能；同时比我有才华而且又努力的人，没有我能熬。在他们浪费时间的时候，我却一直努力着。"

我们所说的消磨时间，也是时间消磨你的另外一种说法。有心人会在平淡琐碎的生活中根植梦想，抓紧时间充实自己，给自己创造更多的机会，最终，他们会在别人抱怨生活平庸的时候，获得成功。

在西点军校，一直倡导着这样一种观念：把 1 小时看作 60 分钟的人，要比将其看作 1 小时的人多出 60 倍。它告诉我们的是：要珍惜每分每秒的时间。因为如果把 1 小时就看作 1 小时，那么即便是浪费了，浪费的也就是一个 1；如果把 1 小时看成 60 分钟，那么浪费的是 60 个 1，所以后者比前者会更加知道珍惜时间、利用时间。

男孩们，你还在拥挤的地铁上玩着无聊的游戏吗？还在深夜看着没有任何内涵的电影吗？还在业余时间跟同伴们侃大山吗？如果你静下来想想自己长到这么大都干了些什么，结果脑子里一片空白，那么你真的该反思一下自己：你那渐行渐远的青春到底是如何被你挥霍掉的！

管理好时间就等于是管理好未来，一个成功的管理者也是善用日志来规划未来的人。

成功箴言：时间管理能力让梦想起航。

3. 千万不要纵容自己，给自己找借口
—— 没有任何借口

在西点军校，教官指导学生们练剑时说："不要假设自己手中的剑再长点，就可以击败对方了。事实是，无论你手中持有多长的剑，如果你不主动进攻，也于事无补。但只要你前进一步，剑自然就变长了。"

西点军校的精英们大都知道，在残酷的战场上，没有人会让你重新再打一次你曾经打过的一场败仗。只要是战斗失败了，你就要为此付出惨痛的代价。所以，必须要把那些找借口的想法抛在脑后。

小男子汉们，你们或许也可以借鉴这样的思想。你们即便能为自己的学习成绩为什么不好搬出千百个理由，也不能改变这个事实。与其如此，还不如赶紧放弃借口，全力以赴地去弥补那些自己做得不够好的事情。

如果一个人的人生很失败，就算他给自己找再多的借口也无法改变这个事实；如果他在借口中度过余生，那么最后他还是个失败的人。

学习不要借口，工作不要借口，自己的人生之路更是不能要任何借口。西点军校就是要让学生们知道，无论我们面对什么样的困难，遭遇多么恶劣的环境，都必须学会对自己的行为负责，竭尽全力完成自己的目标。

阿尔伯特·哈伯雷是世界闻名的大作家，他的著作《致加西亚的信》畅销全球数十个国家，拥有数千万的销量。阿尔伯特在这部著作里描写了一个叫罗文的士兵。

当时正值美国和西班牙开战之际，美国计划与西班牙军方统帅加西亚取得联络。但是，加西亚在古巴的丛林中，没人知道他所在的确切位置，

所以写给加西亚的信是一封不知能否送到的信件。

美国总统此时迫切需要一个能够把信送到的人。于是，有人推荐了这名叫罗文的士兵。罗文把信装进油纸袋里封好，穿越了危机四伏、险象环生的战区，最后成功地把信交到加西亚的手上。

从他拿到信到出发，他从来没有问过："加西亚在哪儿？我如何才能找到他？遇上危险怎么办？"而是选择立即出发，矢志完成任务。

在现今管理界，人们把"罗文精神"定义为一种不找任何借口，立即行动的执行力，这是当今企业非常重视的一种能力。

找借口的代价相当大，一个令我们问心无愧的借口，往往剥夺了我们改正错误的机会，更使我们失去了前进的动力。一旦养成了这种习惯，你的工作就会拖泥带水、效率低下，做起事来也会马马虎虎。这样的人面对任务不可能有背水一战的决心和勇气，也很难成功。

从前有两个非常爱好文学的年轻人，其中一个才思敏捷，在这方面有很高的天赋；另一个则显得极其平庸。他们都想成为一流的作家。

于是，他们约定十年后比比谁的作品更优秀。

天赋很高的那位青年有点恃才傲物。有人请他写几首诗，他总是推脱说自己很忙；有人告诉他某地有文学大赛，让他去一展身手时，他说自己在准备材料；有人劝他要适时展示自己的才华时，他说自己在等候时机。

于是，他整天吃喝玩乐，时间久了，他的笔力日渐笨拙，文思也慢慢减退了。最后，竟然到了提笔忘字的程度。

"我本来应该……"

"我本来可以……咳！"

"要是当初……多好啊！"

而那个天赋平庸的年轻人从没有放过任何机会，他谦虚好学，四处拜师，苦心钻研从古至今成功作家的作品及学术论著。他不怕拙劣，不断尝试写作，敢拿自己的作品向别人请教，虚心请教并采纳他人的建议。

十年后，他的作品与当初的简直判若天渊，受到很多读者的喜欢，也备受同行的推崇，最终成为一位著名的作家。而那个恃才傲物的年轻人平庸地度过了一生。

有很多人如同那个有天赋的年轻人，喜欢用漂亮的借口来遮掩自己的懒惰，不去用行动落实。这样的人永远不会实现自己的梦想。学会拒绝借口，才能使我们更成功。

男孩们，你们在日常的生活学习中是否是一个经常找借口的人呢？没做作业是因为身体不舒服；上课没有专心听讲是因为同桌和你讲话；违反纪律是因为别人也这么做了。我们要做自己的主人，要为自己的行为负责，要摒弃爱找借口的坏习惯。

人们的习惯往往是在不经意间养成的，我们的行为、态度和思考问题的方式，渐渐地形成了一种模式，这就是我们通常所说的习惯。第一次为自己找借口，或许你可以成功地为自己开脱并安全渡过难关，但接着就会有第二次第三次，最后变得一事无成，唯一擅长的就是给自己找各种借口。

借口是庸人的托词，因为借口可以掩盖过失、可以推卸责任，但最终只能被自己的借口过度"保护"而消磨斗志，变成碌碌无为之人。

"没有任何借口"的精神是西点军校推行了二百多年的守则，为西点培养出了一代又一代名人。喜欢找借口的人是对自己非常不负责任的人，看不到自己身上的缺点，无法在实践中磨炼，这样的人难成大器。

成功箴言：不为自己找借口，不推卸责任，才能大踏步地向前走。

4. 忍受常人无法忍受的磨难
—— 造就坚忍的品质

西点教官约翰·哈利说："'没有办法'或是'不可能'使事情画上句号，而'总有办法'或'总能解决'则使事情有了转折。"

滴水可以穿石，绳锯可以断木。成大事者身上最可贵的个性就是坚定执着。在人生漫长的旅途中，难免会遇到艰难险阻，但成功者就是因为多了一份坚定执着，才使他们多了一份恒心和忍耐，最终得以渡过难关。

有了这种坚韧不拔的品质，才有了埃及平原上巍峨的金字塔，才有了耶路撒冷宏伟的庙堂；因为有了坚韧不拔的品质，人们才登上了气候恶劣、云雾缭绕的阿尔卑斯山，在广阔无边的大西洋上开辟了通道；也正是有了这种坚韧不拔的品质，人类才铲平了新大陆的各种障碍，建立起人类居住的共同体……

如果三心二意，哪怕是个天才，势必一事无成。勤奋的人能笑到最后，耐跑的马才会崭露头角。只有仰仗坚韧的品质，点滴积累，才能拨开乌云见晴天，获得成功。

因此，我们要想拥有一种对事业坚持不懈的追求精神，首先要培养不求速达的心态，踏踏实实，循序渐进。古语说："欲速则不达。"时间想它快但功力不想它快，功力想它快但效果不想它快。想求速达，就很难满足幻想的急切心情，就很难把事业做扎实。

达不到心理上的需求，就容易灰心丧气，感到前途渺茫，就容易辍业或是改行，也就没有了恒心。做事业没有恒心就很难成功，想速达也达不到。所谓厚积薄发，积累得越多、成就便越大，长年累月，坚持不懈，定会年年精进。

要养成坚韧不拔的品质，还要培养自己对某种事业的嗜好。凡事只要自己对它有热情、热爱它，哪怕自己是一叶孤舟，面对一片汪洋看不到岸，仍会追求不辍。

为了研究物质世界的秘密，美国实验物理学家丁肇中（华裔美国人）经常废寝忘食地做实验。为了做好一个实验，他能在实验室里面待上几天几夜，守在仪器旁。经过长期潜心研究，他终于发现了"丁粒子"，从而获得了诺贝尔奖。

俄国的生理学家、心理学家巴甫洛夫也是在实验室一待就是十几个小时，连吃饭都顾不上，数年如一日地工作。当他踏上科学生活的第一阶梯——取得"消化"研究的成果时，又忙着研究"反射"实验去了。

和他在一起工作了很多年的得力助手，终于受不了他这种高负荷的工作强度，离他而去。巴甫洛夫无奈之下找了新助手，并对新助手说："你们要学会做科研。"

历史上，几乎每个成功者光芒的背后都蕴藏着无数的艰难。经过无数个日夜的磨炼，他们才在人潮中脱颖而出。

如果你是一只河蚌，就必须忍受沙石的蹂躏；如果你是一棵小树，就必须经得起风吹和雨打；如果你是一块礁石，就必须经受住滔天巨浪的袭击。

对于男孩来说，磨难是成长路上不可缺少的一部分。磨难赋予我们艰辛和烦恼，赋予我们无助与忧伤，同时也赋予我们过五关斩六将的豪情壮志以及"长风破浪会有时，直挂云帆济沧海"的信念。

每个男孩成长道路上都会经历不同的痛苦和磨难，当它们光顾的时候，我们唯一要做的就是勇敢地面对并征服它们。

在一座山里住着一位樵夫，他毕生的目标就是靠自己的力量来建造一间纯木头的、可以挡风遮雨的房子，所以他每天都起早贪黑地上山砍木头。

在他不断的努力下，终于建成了一间能够挡风遮雨的纯木头房子，樵夫高兴得彻夜难眠。他觉得自己很幸福，因为他实现了自己的理想。

可是，好景不长，有一天，他挑着砍好的柴去城里卖，当他晚上回家时，发现自己的房子起火了，而且火势蔓延得很快。邻居们都跑来救火，但是因为风太大，根本没办法扑灭这熊熊火焰。最终一群人只能眼睁睁地看着大火吞噬了整栋木屋。

一夜之间，刚盖好的新房就这样没了。邻居们对这个樵夫都很同情，都过来安慰他，希望他能振奋精神。甚至还有人给他送来了毛巾，以为他会大哭一场。

可是，樵夫并没有像其他人想的那样痛不欲生。而是拿着一根棍子，跑到坍塌的房屋里不断地翻找着。围观的邻居都以为他在翻找放在屋里的什么值钱的宝贝，所以都很好奇地在一旁注视着。

没过多久，只见樵夫挥舞着棍子激动地叫道："我找到了，我找到了!"

邻居们走上前一看，发现樵夫手里拿着一片斧头，根本不是什么值钱的东西。樵夫高兴地把木棍和斧头接好，信心满满地说："只要有了这把斧头，我就能够再建造一栋更坚固耐用的房子了。"

或许我们不能像樵夫那样心胸豁达；或许我们在失去心爱的东西之后会感到悲痛欲绝；或许我们在面临磨难的时候会选择逃避……但是不管怎么样，痛苦和磨难也是收获，因为只有在这个时候，你才会发现平时不在意的一些东西此时是多么难得和可贵。更重要的是，在你经历磨难的时候，你会发现只要你坚持并战胜了这些磨难，不仅会造就自己坚韧的品质，命运之门在此时也正在向你打开。

坚韧不拔是所有成功者的共同特性。苏格兰著名历史学家卡莱尔说："无论是什么样的战斗，只要你坚持下去，每个战士都可以获得成功。总的来说，坚持和力量是等同的。"

对于想成就一番事业的人来说，执着是最好的助推器。谁能够不断地进行尝试、打击和收获，谁就能够一次次地向成功靠近。

在人生的道路上，处处都会面临着磨难，只要我们身上具备坚韧的品质，我们就会战胜和突破磨难，并站起来向成功大踏步地前进。

成功箴言：是否具有坚忍的品质，决定你最终能否取得胜利。

5. 失去热情就失去了作战的勇气
—— 时刻保持火一般的精神

在西点军校流传着这样一句话："只要有热情，就没有什么不可能。"

如果一个人对自己的工作充满了热情，那么无论在什么地方从事何种职业，他都会觉得自己所从事的工作是最高尚的职业；无论工作上面临着多大的困难，他都会认认真真、不急不躁地将它完成。

有一位地质学教授名叫罗列夫，他总是故意迈着大步，挥舞着双臂，在走廊里走。无论什么时候看见他，他都会面带微笑。

其实，他的工作在很多人眼里是非常枯燥的，每天与他相处的是一堆不会说话的石头，那他为什么还如此高兴呢？答案很简单，因为他非常热爱自己的工作。

人一旦有了热情就会受到鼓舞，鼓舞为热情提供能量，工作也会因此充满乐趣。即使工作有些乏味，只要善于从中找到意义和目的，热情就会应运而生。当一个人对自己的工作充满激情时，他便会全身心地投入。只有这时候，他的自发性、创造性和专注精神才能得到充分的体现。

从喜欢自己的工作，到对工作产生热情，是一个熟悉并逐渐深入的过程。当一个人对某种事物真正产生热情时，你可以发现他目光闪烁，反应灵敏，性格活泼，浑身都富有感染力。这种神奇的力量使他以迥然不同的态度对待工作。

贝特格刚踏进职业棒球队不久，便遭到了重大的打击：约翰斯顿球队把他开除了。经理对他说："你动作太慢，根本打不了棒球。无论你以后去哪里做事，如果永远这样无精打采，你将永远不会有出息。"

贝特格没有办法，只好去了宾州的一个叫切斯特的球队，从此参加这个级别非常低的联赛。而且他现在每个月只有30美元的薪水，远远低于约翰斯顿球队的180美元，这使他在工作上无法找到激情。但是他对自己说："我必须激情四射，因为我要活下去。"

来到切斯特球队的第二天，他认识了一个叫艾伦的老球员。在艾伦的推荐下，贝特格进入了康州的纽黑文球队。球队没有人认识他，更没有人责备他。这一刻，他下定决心要成为球队里最有激情的队员。

从此以后，贝特格每天都不停地在球场上奔跑着，球技提高得飞快，尤其是投球迅速有力，有时甚至能够震落接球队友的护手套。

在一次联赛中，贝特格的球队遭遇了强有力的对手。那天的气温高达100°F，就像身边放了个大火炉，直到比赛接近尾声时，对手接球出现失误，贝特格抓住这个百年不遇的好机会，迅速攻向对方主垒，帮助球队夺得了至关重要的一分。

疯狂的热情让贝特格变得一发不可收拾，在球队里屡创佳绩。不久，他每月的薪水就涨到了175美元。

由此可见热情和工作干劲的重要性。而且，自己是否有热情还会影响到他人，没有人愿意和一个整天无精打采的人在一起工作，也没有任何公司的老板会提携一个在工作中萎靡不振的员工。

麦当劳店的员工工作很简单，也很少遇到难办的事。但就是如此简单的工作，他们还是倾注了120%的热情。他们永远面带微笑，很有礼貌地和每一个进店的客人打招呼，并耐心为他们服务。热情使他们做事机灵敏锐——速度快，质量高。

世界上有很多成功的人，与其说他的成功取决于才能，倒不如说他的成功取决于他的热忱。这个世界为那些具有自信心的人打开通道，到生命终结时，他们依然浑身上下散发着热情。无论碰到什么困难，他们总是相信自己能够把心中的理想蓝图变成现实。

一个人如果失去了热情，那么他就不可能高质量地完成工作，更不可能做出创新性的业绩。如果你失去了热情，就不能在职场上立足和成长，永远不会拥有成功的事业和完美的人生。如果一个男孩失去了热情，无异于灾难降临。所以，从现在开始，要时刻保持火一般的精神，对你的工作和生活投入全部的热忱吧！

成功箴言：热情让一切皆有可能！

6. 心态决定命运
—— 有怎样的心态就有怎样的前程

西点前校长道格拉斯·麦克阿瑟说过："你有信仰就年轻，疑惑就年老；有自信就年轻，畏惧就年老；有希望就年轻，绝望就年老。岁月侵蚀的不过是你的皮肤，但如果失去了积极向上的心态，那么你的灵魂将不再年轻。"

男孩想要做成大事，整天垂头丧气是无济于事的，只有养成乐观的性格，微笑面对一切困难并战胜它们，才能走向成功的光明大道。因此，当你身处绝望边缘时，要保持头脑冷静，然后坐下来，拿起笔和纸，把自己内心痛苦的原因都写出来。

但同时，在这个清单上你也要列出一些可能获得幸福的方法，不要遗漏任何关于幸福的元素。比如你健康的身体、你的朋友和亲人、你的财产、你的品味、你获得的成就、生活的前景和合理的期待，也不要忘记你对他人的责任和义务以及承担这些责任和义务给你带来的身心舒畅。然后，你再把两边所列出的项目进行对比，你会发现，你幸福的源泉远远多于痛苦的原因。这样，你就没有理由让自己总是处在悲伤和痛苦的阴影中。

在纽约附近的一座城市里，有一个人因为得了重病丧失了生存下去的信心。全家人都围在他的病床前，其中有一个人微笑着对他说："你的病一点也不严重，很快就会康复的。"

这个人在说话的时候极其不自然，脸上的表情看起来很奇怪。结果病人忍不住大笑起来，这样的笑声带动了他的精神和全身各个系统的机能，后来他的身体很快就康复了，这不能不说是个奇迹。

"不要和那些总是对生活有种种抱怨的人待在一起，"美国女作家比彻写道，"永远都要寻找天堂和山清水秀的地方，脸上总是没有笑容的人应该检查自己出了什么问题。他应该斋戒、祈祷，直到脸上放出快乐的光芒。"

所以，向前看，生活和工作才会有生机。同时，还要懂得一个道理：要善于发现阳光的一面。

正如一枚硬币有正反两面一样，人生也有正面和背面。光明、希望、愉悦和幸福是人生的正面，黑暗、绝望、忧郁和不幸就是人生的背面。心态乐观的人总是能看到事物阳光的一面，因而会随时扭转败局而取得成功。

有一位名叫信长的日本军官，有一次面对实力比他的军队强很多的敌人，他决心打赢这场硬仗，但是他的部下却对此表示怀疑。

信长在带队前行的途中经过一座神社，于是，他对部下说："让我们在神的面前投硬币占卜。如果正面朝上，就表示我们会赢，那么我们就继续前进；反之就是输，那么我们就撤退回去。"

部下赞同了信长的建议。信长走进神社，默默地祈祷了一会儿，然后当着大家的面抛出一枚硬币。大家都瞪大眼睛看着——正面朝上！大家欢呼雀跃，此时人人都充满了勇气和信心，恨不得马上就投入到激烈的战斗中。最后，他们大获全胜。

一位部下虔诚地说："感谢神的帮助。"

信长却微笑着说："其实是你们战胜了自己，也赢得了这场战斗。"

说完，他拿出那枚硬币给大家看，大家这才惊讶地发现硬币的两面都是正面。

这个故事告诉我们，要想赢得人生，就不能总把目光停留在消极面，那只会使你沮丧、悲观、徒增烦恼，甚至还会影响身心健康。结果，你的人生就有可能被失败的阴影遮挡住它本该有的光辉。

每过一天，乐观的男孩都会为自己有新的希望而充满感激；而悲观的男孩却认为自己生命的存折里又少了一天。

许多男孩失败的原因，并不是因为对手有多么强大，也不是因为条件有多么艰苦，而是因为自己灰暗的心灵。

有心理学家曾经做过一项实验，内容是看一张一群青少年在沼泽地挖地的图片。

一位实验对象在心情愉悦时是这样描述图片的："这让我想起了夏天在大自然里劳动的情景，一切看起来都非常有趣，这是生命的真实写照，是一种无与伦比的快乐。在泥沼中挖土、种植、浇水、施肥，然后看着这些植物生长发育，是对劳动者至高无上的奖赏。"

在他心情忧郁的时候是这样描述的："生活真是一场永无休止的苦役。这么小的孩子就要承担如此又脏又累的体力活，这个世界真是没有人情味，他们的家长和老师都干什么去了？这个年龄的孩子应该还有很多更有趣的事情去做。这个社会真可怕！"

在他情绪焦灼的时候是这样描述的："我真担心这些孩子会弄伤自己，这样的活应该让大人们去干。一旦发生意外就会造成难以想象的恶果。旁边沼泽地里的水应该很深吧？万一掉下去，后果将不堪设想。"

乐观的男孩对生活中可能会出现的好事充满了期待，所以他们对成功的渴望非常强烈，要求自己必须过上梦寐以求的生活；而悲观的男孩认为，世界上的事情都是命中注定的，自己再努力也改变不了结果。

拥有阳光心态，看到光明的一面，这就是我们应该在生活和工作中持有的态度，只有这样，生活才会回赠给我们同样美好的前程。当我们遭遇挫折时，不要怨天尤人，不要拘泥于偶然与暂时的失败，要看淡它，大不了从头再来。

成功箴言：良好的心态有助于成功。

7. 别被自己吓倒，先战胜自己
—— 最大的敌人是自己

新学员进入西点军校后，首先就要进入野兽营进行为期六周的艰苦训练，训练包含如何行进、着装及进食。

吃饭时，每个人都必须端正地坐好，椅子只能坐到一半，背部要挺得笔直，双脚要平放在地面上，双眼注视餐桌前端，不允许任何人四处观望。而且每次都只能吃一小口，在食物放到嘴里之后，还必须把叉子整整齐齐地放回餐盘中，双手放回腿上，然后开始慢慢咀嚼。

学校还要求，无论学员之前的身份多么高贵，进入野兽营大家一律平等。还规定，男学员每天要背着45磅重的武器装备急行军一英里半，并且必须在38分钟内完成，女学员则允许在42分钟内完成任务。接着，一起进行100多米的武装泅渡，上岸后还要继续背起装备跑上100米才能去集合。

面对这种种魔鬼式的训练，很多人在前几天就被困难打倒了，放弃了，想在西点的洗礼下成为将军的梦想化为泡沫。而那些没有被自己吓倒，坚持训练的人，名字都登上了西点的荣誉簿。

西点的优秀毕业生，堪称"血胆将军"的巴顿将军就是其中一员，他说："训练时多流一加仑汗，战场上就少流一加仑①血。"

恐惧能够摧毁人的意志和生命，打破人的希望，使人的心力"衰竭"以致不能从事或创造任何事业。恐惧代表着人的懦弱和胆怯，从古至今，

---

① 1加仑 = 4.546 09升。

它都是人类最大的敌人，是人类文明事业的毁坏者。

恐惧是人生命情感中难以解开的症结之一。面对自然界和人类社会，生命的进程从来都不是顺顺利利、平安无事的，总会遇到这样那样或者难以想象的挫折、失败和痛苦。

当一个人料想到将来会产生某种不良后果或是受到某种威胁时，就会产生这种紧张不安的情绪，程度从轻微的忧虑到严重一点的惊慌失措。在现实生活中，每个人都有可能经历某种困难或是危险的处境，从而会体验到不同的焦虑。

恐惧作为一种生命情感中的痛苦体验，堪称是一种心理折磨。人们往往不会因为已经到来的或是正在经历的事而感到害怕，而是对结果的预感产生恐惧。意志力的另外一个敌人就是绝望，它将是你走向成功的又一个障碍。只要战胜了它，你就获得了真正无坚不摧的意志力，你的人生也终将走向辉煌。

每个人都不希望厄运降临到自己的头上，都希望自己可以一帆风顺地做成自己想做的事，但这是不可能的。正确的认识是——每个人都会面临厄运或是绝望的境地，对于成大事者而言，厄运和绝望并不能置人于死地，反而是另一种命运的开始。

"马拉松人"约翰·布伦迪战胜了绝望，征服了自己的故事，曾经感动了无数人。

1973 年 6 月的一天，约翰照常去做半个小时的晨跑，然而没想到的是，这次晨跑成为他一生中最后一次跑步。

晨跑之后，他依旧去工地和另外三个人在屋顶上工作。天气异常炎热，工作也很辛苦，这时监工让约翰递给他一样工具，可是房顶的水泥还未凝固，约翰在移动双脚时掉了下去。

约翰事后回忆说："那时候我只听到骨头折碎的声音，现在想起来真是后怕，我整个身体一直往下掉，那一瞬间我发现自己失去了知觉。以后的几秒之内，恐怖、愤怒和绝望一同向我袭来，我想站起来，可是我的脚却不听我的支配，其他部位也没有任何知觉。我似乎听见有人喊道：'天啊，约翰掉下去了！'我又昏了过去。当我醒来时，我发现自己躺在医院里，可是令我惊讶的是，我全身裹满了白布，就像木乃伊一样，而我浑身上下还是没有一点知觉。"

几个星期以后，约翰被诊断为终身无法痊愈，可是他并未因此而心灰意冷，而是依然对自己的病情充满了希望，盼望着奇迹的出现，使他的身体再度恢复健康。因此他很配合医生的治疗。

有一天，他无意间看见医生指着他的房间对自己的助手说："四肢麻痹就是他那个样子。"约翰从来没见过四肢麻木的人，更想不到自己会变成这个样子。

本来约翰是一个身体健康的丈夫和父亲，可是现在他头部以下全部失去了知觉，形同废人。尽管如此，约翰仍然没有丧失活下去的勇气，而且活得很坚强。

约翰说："我之所以能够生存下来，是因为我有三个老师——愿望、献身和意志的帮助。这三个老师在我心中，我永不绝望。"

如今，约翰在轮椅上的日子已经有十年了，他的心中没有埋怨、苦恼和憎恨。他认为，如果相信宿命或是憎恨他人，对自己也没有一点好处。

约翰的故事证明了一件事，那就是即使你身处厄运或绝望中，只要你能够战胜自己，你就能够掌握自己的命运，获得成功。

马特洪峰是欧洲阿尔卑斯山系最闻名的山脉之一，海拔高达4 478米。

十几年前，有一支登山队准备攀登马特洪峰山脉北峰，这次活动引起了新闻媒体的广泛关注。

在登山队准备攀登之前，媒体记者对这些来自世界各国的登山爱好者进行了采访。

记者问其中一名登山队员："你觉得自己能登上马特洪峰的北峰吗？"

这名登山运动员回答说："我会尽力而为的。"

记者又问另一名队员："你觉得自己能登上马特洪峰的北峰吗？"

得到的回答是："我会全力以赴的！"

接着，记者又问了第三个队员同样的问题，对方激动地喊道："我一定要登上马特洪峰的北峰。"他的身体看起来并没有比前两个队员强壮，而最终也只有他登上了马特洪峰的北峰。

为什么只有这个队员能够成功登顶呢？那是因为，他在实现目标之前就怀有一种"志在必得"的心态，他要挑战自我、战胜自我，记者完全感受到了他全力一搏的信念和毅力，这才是他成功的关键。

对于成功者而言，他们的人生词典中从来就没有恐惧、挫折、失败和绝望这些词汇。如果你拥有无坚不摧的意志力，那么恐惧可以转变为强项，挫折可以转化为动力，而失败可以变为成功，绝望之中也能孕育出希望的花朵。

如果你能够一一渡过这四重难关，你就会拥有一颗强大的心灵，就不会被自己吓倒，到那个时候，你就会战胜自己，成功就离你不远了。

成功箴言：想征服世界，就要先战胜自己！

8. 向自己的弱点开炮

—— 成功者要明白自己的弱点

曾经担任西点军校校长的麦克阿瑟将军说："为了更好地解决问题，你不仅需要助手，而且需要对手。"这样的话，在竞争中，你才能及时、准确地发现自己的不足，从而使自己更加完善，达到出人意料的效果。

对手是一种非常难得的资源，因为越是自己的敌人，可学的东西才越多。对方要消灭你，一定是倾城而出，精锐毕现。在他们使出浑身解数的时候，也就是交给你最多招数的时候。那种对竞争对手深恶痛绝、不肯互相帮助、不惜背后使绊的人，只是小混混之间的斗法，上不了大台面，也不可能有什么出息。

有一只有着五彩斑斓外表的大蝴蝶，常常嘲笑邻居——一只小灰蝶："瞧，它永远也不洗自己的衣服，真是脏透了，总是灰突突的，还有黑斑点，看我的一身衣服多漂亮啊！飞到哪儿都是人们眼中的焦点。在公园里，孩子们追着我，单身的男子说'希望将来的女朋友像这只花蝴蝶一样漂亮'，甚至还有几只小蜜蜂对我穷追不舍，以为我是一朵美丽的鲜花呢。"

大蝴蝶喋喋不休地嘲笑着小灰蝶的懒惰和丑陋，同时炫耀着自己的美丽。

直到有一天，有个善于观察的朋友到小灰蝶家中做客，才发现小灰蝶并不懒惰，而是它本身衣服的颜色就是灰色的，但是大蝴蝶却始终坚持自己的观点。

这个朋友只好把大蝴蝶带到医院让它检查一下视力，医生的检查结果是：大蝴蝶的眼睛已经属于高度近视了。

其他的蝴蝶知道后，纷纷说道："你应该好好地反省一下自己，其实是你自己有问题。"

缺乏自省能力的人就如同这只大蝴蝶一样看不见自身的缺点，总是认为是别人的问题，这种思考问题的方法对自身的发展是有百害而无一利的。相反，一个善于从自己身上找原因的人，才会发现自己的不足，从而加以改正，向正确的道路前进。

这个故事告诉我们，当一件事情出现问题时，原因很可能就出在我们自己身上。但在现实生活中，很多人在遭遇失败后都会怨天尤人，就是不从自己身上找原因。其实，一个人之所以失败是有很多原因的，只有从多方面找原因并针对性地进行自省，才能起到改正缺点的作用。

联合利华有一位香皂推销员，他就经常主动要求别人给他提意见和建议。

在他开始推销高露洁的香皂时，接到的订单很少，他担心自己会因此而失业。他没有把原因归结到产品质量和价格上，因为他知道这些都没问题，所以就在自己身上找原因。

他每次推销失败后，走在街上都会想一想到底哪里做得不对，是表达的不清晰，还是热情不足？甚至有时他会返回去问那个商家："我回来不是想卖给您香皂，我是希望能听听您的建议和指正。您的事业如此成功，经验肯定非常丰富。请您给我一些指正，直言无妨，我一定会虚心接受的。"

他的这种心态为他赢得了许多朋友以及珍贵的忠告。他就是高露洁的总裁——立特先生。

很多时候，我们都需要这种敢于寻找自己不足，并及时弥补、改正的精神，时时揽镜自问：我哪方面还有不足之处？

唐太宗李世民说："以铜为镜，可以正衣冠；以古为镜，可以知兴替；以人为镜，可以明得失。"这句话值得每个人深思。

大多数情况下，人们都是通过自省、自查的方式不断地完善自己，使自己得到更快、更广阔的发展。所以，很有必要给自己准备一面"镜子"。

那么，谁能够成为我们的镜子呢？身边的领导、同事和朋友，以及中外卓越的成功者都可以成为我们的"镜子"。此外，一本本书就是一面面镜子，要加强学习，始终坚持理想信念。

爱因斯坦都说："我的结论有99％都是错的！"因此，我们更要时时进行自我反省。

《大长今》这部韩国电视剧在前几年非常火，可谓家喻户晓。

长今在烹饪和医学方面都有着过人的天赋，所以她一直以来都是个非常自信的人。自信虽然是她成功的法宝，但是也因为她的过于自信而走了不少弯路。

在韩尚宫和崔尚宫的第一场比赛时，长今耽误了一天的时间，就是为了买到最好的牛肉。她为了缩短熬汤的过程，而采用了棉纸吸油的便捷方法，结果导致输掉了这场比赛。

韩尚宫为了让长今明白盲目和过于自信、急功近利所带来的危害，不惜把她赶出宫。

在长今学医的过程中，她始终不明白为什么申主簿老是说她不具备为医者的基本素养。在医学考试中，申主簿也给了她一个不及格的分数，于是长今认定他是对自己有偏见。

直到临床诊断时，医女信非对患者细致入微的观察和记录才让她豁然开朗，晓得天赋出众所带来的骄傲正是医者的大敌，同时她也明白了申主簿的良苦用心。

这两位老师对长今的成长起着至关重要的作用，他们告诉长今的是同一个道理：具备了出众的天赋是远远不够的，关键是要抱有谦虚之心，勤奋踏实地努力工作、学习。

韩尚宫和申主簿都可以说是长今的一面"镜子"，他们用言行指出了长今身上存在的一些问题。让她明白一个道理：无论做什么事，都不能带有骄傲的态度，骄傲会使一个人在还没有看清楚状况之前就鲁莽行事，而谦虚的人却可以非常顺利地实现目标，所以决不能得意忘形。

只有经常反省自己才能认识到自身的不足并加以改正。所以，在遇到问题时，我们需要主动进行自我检讨，而不是一遇到困难就找借口推卸责任。

成功箴言：成功源于自我分析。

第五章

培养习惯
——好习惯成就好未来

1. 让纪律看守西点
—— 养成遵守纪律的好习惯

纪律是至高无上的，世界上没有任何事情是绝对的，包括自由。没有纪律的约束，自由就会滋生堕落。一个组织必须在严格纪律的保障下才能运转，否则人人各自为政，就如一盘散沙，最终导致组织的瓦解。

我们不必把纪律视为洪水猛兽，它没有那么可怕。英国克莱尔公司在新员工培训中，总是要先宣读本公司的纪律。首席培训师经常这样说："纪律就像高压线，只要你略微注意一下，或不要故意去碰它，那么你就是一个遵守纪律的人。"

西点军校向来以制度完善、纪律严明而闻名中外。每位新学员进入西点首先需要明确的校规就是严格遵守纪律、坚决服从上级命令。西点人认为自觉自律是意志成熟的标志。

"我们要做的是让纪律看守西点，而不是教官时刻监视学员。"这就是西点人的宣言。西点军校认为：在自由国度发生战争时，纪律使士兵成为可以信赖的对象，一支有纪律的队伍才是最优秀的队伍。

巴顿将军认为："纪律是保持部队战斗力的重要因素，也是士兵们把潜力发挥到最大的关键所在。所以，纪律应该是坚不可摧的，它的强烈程度甚至能比得上战斗的激烈程度和死亡的可怕性质。"他要求部队要有铁一般的纪律，不能有半点含糊，他认为遵守纪律是对军人最基本的要求。

美国著名培训专家拿破仑·希尔曾经讲过这样的故事：

为了受理客户的投诉，华盛顿一家百货公司专门为此开设了一个柜台。很多女士排着长队，争先恐后地向柜台后面的那位小姐投诉自己在此受到的不公平待遇，以及对公司服务的诸多不满。甚至有很多顾客说话粗暴且蛮横无理。

柜台后面的这位小姐却始终面带笑容倾听这些顾客的喋喋不休，她的举止优雅而从容，微笑着告诉她们应该找哪个部门去解决问题。她的亲切和随和对于那些有着很多不满情绪的妇女来说，是很好的安抚。

拿破仑发现在这位小姐的身后站着另外一位女士，并且不断地在纸上写着什么，然后把那张纸递给她。原来纸上写的就是妇女们抱怨的内容，但是省略了她们比较伤人的语言。

后来拿破仑才知道，那位一直面带微笑的小姐是个聋哑人，而后面的人是她的助手。出于好奇，拿破仑去拜访了这个百货公司的经理。

经理坦言道："其实，这个接待客户投诉的岗位曾经有很多人都尝试过，但是没有人能够胜任。只有这个'耳聋'的员工才有这种自制力，并且能够出色地完成这个艰巨的任务。"

把外在的纪律条文转化为内心的道德，成为一种自觉的行为，这才是真正树立起了纪律观、具备严格遵守纪律的精神。纪律的最终目的是让人们即便是不在别人的监视和控制范围内，也能知道什么是正确的。

西点认为，青年人年轻气盛，做事比较冲动，结果毁掉了自己的前程，而通过纪律的锻炼，能够使一个人学会在艰苦的条件下工作和生活。我们应该懂得纪律并不是枷锁，严格地遵守纪律可以练就你严谨的态度和优良的作风。

一个不懂得遵守纪律的人，一定是一个没有约束力的人，而约束力的缺乏正是导致失败的罪魁祸首。纪律的终极目的就是达到这种约束力。在任何情况下，要想稳住自己，就必须使你身上的情绪和约束力达到平稳，长期在纪律的严格要求下行事，你才会有自制精神，而这种精神是做任何事都不能缺少的。

某公司销售部经理无意间获取了一个情报：公司高层决定安排他到外地去处理一项难缠的业务事件。他知道这项任务非常棘手，要想处理好并非是件容易的事情，所以，提前一天请了病假，想躲过此事。

第二天，公司安排任务的时候他正好不在，所以上级就把任务交给了他的助手，让他的助手转达一下。当助手在电话里向他汇报这件事情时，他便以自己生病为借口，把这项工作交给助手去处理，并把处理这项事情的具体操作办法在电话里教给了助手。

结果事情搞砸了，他怕公司高层领导追究责任，便以自己请假为由，谎称自己根本不知道这件事的来龙去脉，一切都是他的助手擅自做主去处理的。他的想法是：这个助手是高层领导给自己安排的人，让他来扛这件事，那么自己在公司领导面前还有回旋的余地。如果自己先把这件事的责任扛下来，那么恐怕不仅仅是扣薪水这么简单了，甚至还会有降职的危险。

后来，他的助手向总裁说明了真相，总裁对这位经理的人格品质产生了怀疑，担心他把这种伎俩当成习惯，对公司的团结和业务发展造成不良影响，不但当众批评了他的所作所为，还给了他一个严重的处分。

一个员工如果没有纪律观念，那么他就是一个推卸责任、逃避困难、不敢面对挑战的员工，很难让人相信他会为企业担当什么责任，有哪个企业的领导敢赋予他更大的职责呢？

作为企业中的一分子，就应该把企业的事当成自己家里的事，应该站在企业的角度为其稳定和发展谋划考虑。

如果一碰到难办的事情，就筹划对策来逃避责任；当事情办砸以后，便以自己不知道为借口来逃避责任，这样做只会为自己的事业发展埋下隐患。

遵守纪律的关键是不仅要有责任心和约束力，更重要的是能够认同组织的价值观，并且实现组织的目标，也就是说要对组织有了解。只有在共同价值观的引导下，纪律才不会引起他人心中的怨恨。为了共同的目标而遵守纪律，组织成员间的关系会更加融洽。

成功箴言：只有服从纪律的人，才能执行纪律。

2. 军人的第一件事情就是学会服从
—— 将服从训练成习惯

在拿破仑战争时期，威灵顿公爵担任的是英军将领，他曾任英国两任首相，因治军严格而被称为"铁公爵"。他曾经说过："服从命令是军人的天职，是我们的责任，并非侮辱。军人必须把服从训练成本能，训练成习惯。"

"一切行动听指挥"是军人的本能反应，每个军人需要学会的第一件事就是服从。所谓服从就是无条件执行上级下达的命令。在西点学员的思想里，服从是一种崇高的道德。在西点人看来，对权威的服从是100%的正确，因为军人就是要执行命令，没有服从就没有胜利可言。

唐尼索恩是西点的退役上校，他在回忆录里描写过当初自己刚进西点时的一个小故事：

1962年，我当时还是一个对未来充满憧憬的18岁青年，我上身穿着一件白色T恤，下面穿着一条蓝色短裤，手里提着一个小皮箱来到西点军校报到。在体育馆办理完报到手续以后，我就径直来到了校园中央的大操场。

我在操场边上看见了一位身穿制服的学长，他当时的样子简直就是完美无瑕：他肩上披着值星带，这说明他是负责新生训练的。他远远地看见我就喊道："穿白色衣服的那个学生，到这儿来。"

我一边向他走去，一边打着招呼："你好，我叫唐尼索恩。"我面带微笑，期待着他对我亲切地问候。

结果出乎我的意料，他非常严厉地对我说："菜鸟，你以为这里会有谁叫你的名字吗?"

111

可以想象，我当时就被他驳得面红耳赤。紧接着，他命令我把皮箱扔在地上，单是这个动作我就重复了很多次。我弯下腰把皮箱放在地上时，惹怒了他："菜鸟，我是让你把皮箱扔到地上。"

于是，我弯下腰在皮箱距离地面5厘米左右时松开了手，可是他还是不满意。

我反复重复这个动作，直到最后站直了身体，没有弯一点腰就把手松开让皮箱自己掉到地上，他才终于满意了。

这种"斯巴达式"的训练方式是西点军校的特色之一，它使学员们精疲力竭，而这正是训练学员们服从权威的有效手段。西点强调服从，训练学员们通过服从统一意念，统一行动，进而达到既定目标。

一位知名的西点教官对服从作了生动的描述："上级的命令就像大炮里发射出的炮弹，在命令面前必须绝对服从。"

西点经常这样教育学员："我们就像是枪里的一颗子弹，而枪犹如美国的整个社会，扳机就是总统和国会，是他们决定我们向谁发射，我们就打向谁。"

尼克松总统对黑格将军的服从精神和严守纪律的品格是非常欣赏的。那是因为，在需要他发表意见的时候，黑格将军便竭尽全力地说出自己的观点；当上级对某件事做出决定时，他就会坚决服从并尽最大的努力把它做好，绝不展现自己的小聪明。

在《我所知道的战争》这本回忆录中，巴顿将军曾经描写过这样一个细节：

"我想要提拔人时，就会把我中意的所有候选人都叫到一起，然后给他们提一个我想要他们解决的问题。

我对他们说：'伙计们，我要你们在仓库后面挖一条作战用的壕沟，条件是长97英尺①，宽4英尺，深7英寸②。'我就告诉他们这些。

---

① 1英尺 = 0.304 8米。

② 1英寸 = 2.54厘米。

我有一个带窗户的仓库。当候选人在仓库后面检查工具时，我走进仓库，通过窗户来观察他们。这时，我看到这些候选人把工具放在仓库后面的地上，休息片刻之后便开始抱怨我怎么会要他们挖这么浅的战壕。

他们有的说7英寸深还不够当火炮射击用的掩体。还有人争论说，这样的战壕不能遮风挡雨。如果他们是军官，他们会觉得不应该干这种普通的体力劳动。最后，有一个人站出来说道：'我们快点开始挖战壕吧，巴顿将军要用战壕干什么都不关我们的事。'"

最后，巴顿写道："于是，我提拔了最后那位候选人。因为我必须挑选坚决服从命令，不找任何借口去完成任务的人。"

巴顿将军不仅严格要求别人服从他的命令，同时他也以身作则。布雷德利将军就曾经这样评价过巴顿："他总是积极地支持上级的计划，而不管他自己是怎样看待这些计划的。"

巴顿将军之所以能够成为西点军校最杰出的学员之一，被历代西点学员所崇拜，其中非常重要的原因之一就是他这种坚决服从命令的职业军人风范。

对于一般人而言，服从也是一种重要的美德，尤其体现在团队合作中。在企业中，服从是行动的第一步。放弃个人观念，完全融入组织的价值观中去，无条件地服从才是企业需要的好员工。作为一名领导者，也应该如此。

服从命令并且立刻执行，把服从当成习惯，这样才能更好地完成工作。

成功箴言：服从是一种重要的美德和团队精神。

3. 懒惰是最大的罪恶

—— 让勤奋成为一种习惯

西点人相信，上帝永远眷顾那些起得早的人。在西点，每个学员每天都有适当的军事训练和文化知识的学习，没有人可以凭借游手好闲或是投机来获得荣誉。

在西点，每个人都懂得"懒惰是最大的罪恶"这个道理，每个学员都会尽量在有限的时间学习最多的东西。没有人浪费时间或是闲散偷懒，他们甚至不会容忍这种行为的发生。作为军人，勤勉已经成为一种自觉的行为，一种责任。

在西点军校的四年学习生活中，艾森豪威尔始终发挥他勤奋刻苦的优良品质。他不但认真学习军事方面的专业课程，还对陆军的习俗、行话和传统都花时间进行了解；他不仅学习骑马和射击，还钻研如何使用火炮、如何架构简单的渡桥以及如何构筑防御工事；他一有时间还会去研究军事历史，在内心描绘出军事领袖的特点和形象。

艾森豪威尔从西点毕业以后，成功创建了第一所美国陆军战车训练营，并因为在工作中的勤奋刻苦而被推荐加入参谋部，跟随美国著名将军麦克阿瑟做事。

从此以后，麦克阿瑟的魅力深深感染着艾森豪威尔，他追随麦克阿瑟6年之久，并因其勤奋的工作态度受到麦克阿瑟的重用，从团长一路晋升为军团参谋长。

艾森豪威尔在工作中勤奋的态度被广泛认同。据说美国五星级上将马歇尔要求美国陆军司令部推荐10名军官作为作战计划处副处长候选人时，推荐的人选从第一名到第十名都是艾森豪威尔，大有不让他晋升不罢休之势。

调到作战处，艾森豪威尔依然没有丢掉勤奋努力的优良品质，马歇尔再次越级提升他。就这样，他先后成为欧洲战区司令和北非盟军统帅，荣获五星上将军衔，最终成为美国总统。

对于出身贫寒的艾森豪威尔来说，他没有任何政治背景，他所能依靠的不过是自己的勤奋和天分，其实勤奋要比天分更重要。有这样一个幽默小故事发人深思：

从前有个小男孩非常聪慧，但在人们长久的夸奖声中，他渐渐地开始骄傲了，学会了偷懒，想靠投机来取得成功。

有一天，这个小男孩碰到了上帝。

小男孩问上帝："对于你而言，一万年相当于多长时间呢？"

上帝回答说："大概等于一分钟。"

小男孩又问上帝："一百万元对于你来说是多少呢？"

上帝接着回答说："相当于一元钱。"

小男孩高兴地对上帝说："那你给我一元钱吧。"

上帝回答道："这有什么难的？请你等候一分钟。"

"天下没有免费的午餐"，即使在上帝那里也不能例外。只有通过辛勤劳动，才能获得你要拥有的东西。

辛勤劳动肯定会换来荣誉和回报。然而，我们更应该看到的是荣誉的背后是一个人长时间心血和汗水的结晶，无论是遭遇困厄还是失败，从不沉沦、不灰心丧气，才铸就了今日的辉煌。任何投机的行为都不会带来长久的光环。

我国晋代著名的炼丹家和医药学家葛洪早年家境贫困，但是他自幼勤奋好学，善于思考，爱动脑筋，对自然界发生的很多现象都有浓厚的兴趣。他少年丧父，为了减轻母亲的负担，他要帮助母亲干些杂活，但是一有空他就会去看书，尤其是炼丹和医学方面的书籍。

一天，葛洪和他家附近的几个小朋友砍完柴正准备下山时，忽然下起了倾盆大雨。小伙伴们急忙躲到大树下避雨，而葛洪却站在雨里望着远方的天空沉思起来：是谁在瞬间搅得乌云翻滚？是谁引来了风雨雷电？

雨过天晴后，天空上挂着一弯五彩斑斓的彩虹。小伙伴们挑着木柴，边下山边议论起彩虹："这道彩虹是不是蛟龙吐的气啊？""不，那个是鹊桥吧?"……

葛洪没有吱声，他在心里想："是龙吐气，为什么只在雨后吐? 鹊桥又是谁搭建的呢?" 葛洪真希望能够从书本上找到这些问题的答案。可是家里已经捉襟见肘了，哪里还有买书的钱呢? 他想，要是不用花钱就能得到"笔墨纸砚"就好了。

一天，葛洪在灶间帮助母亲做饭。他把那些干柴放进灶膛里，然后等它们烧成黑炭以后再取出来。就在这放进去又取出来的重复动作中，他忽然像发现了什么宝贝似的，跳起来喊道："我有办法了，我想要的笔就是这个黑木炭，山上的石板和岩壁就是我想要的纸，不用花钱还应有尽有!"

从此以后，他每天都用干荷叶包着木炭，利用上山砍柴的闲暇时间，在石板或是岩壁上练习写字或是默写诗文。年复一年，日复一日，他的字写得越来越好，默写的诗文也越来越多。

一段时间过后，父亲生前留下的一橱书都看完了，葛洪于是便向邻居借书看。后来邻居的书也都看完了，他又长途跋涉到城里亲戚家去借阅。

葛洪从小就这么勤奋好学，他写文章非常认真，废寝忘食，有时为了改动一个字就反复推敲，直到满意为止。他凭借自己勤奋刻苦的精神，一生中撰写了很多著作，成为我国著名的炼丹家和医药学家。

爱迪生说过："天才是百分之一的灵感加上百分之九十九的汗水。"

男孩们，当你们解不出难题时，或许会自怨自艾道："要是我有个聪明的脑袋就好了。"当然，聪明的头脑也很重要，但是或许你应该先问问自己："我勤奋了吗?"

勤奋刻苦，主动地去寻找难题并努力解决它，比别人多想一步，多做一步，往往这一步就是迈向成功的关键一步。

让我们摒弃懒惰吧! 因为它是罪恶的源泉。让我们赞美勤奋的态度和实干精神吧! 因为它是走向成功最有力的一步。

成千上万人都雄心勃勃地想要取得成功，但是真正的成功者却寥寥无几，为什么? 就是因为许多人只停留在想法上，并没有通过勤奋努力把它变为现实。我们只有把勤奋变成一种习惯，才能在成功的路上开花结果。

成功箴言：勤奋比天分更加重要。

4. 拖延导致平庸，行动成就卓越
—— 克服拖延的坏习惯

西点军校非常注重行动力，向来抵制学员拖拖拉拉的行为。不允许学员迟到或是逾期完成任务，一切行为令行禁止。为了营造良好的速战速决的氛围，西点军校的老师也不许拖堂。总之，任何理由的拖延都必须杜绝。

五星上将布雷德利在一次获奖演说中表示："西点军校反复鼓励学员提高行动力，坚决抵制学生拖拉懒散的行为。"

西点军校为学员们创造了一个理想的教育环境。在这个环境中，学员并不是想什么时候在图书馆都行，他必须在规定的时间内尽可能做完规定的事，必须今日事今日毕，绝不能把事情拖延到第二天。

"绝不把事情拖延到第二天"的要求，使学员们自觉适应军校生活，自觉完成规定课程，自觉提高自己的思想意识明显增强。在西点军校，每个学员都有责任和义务了解军官基本素质培训的标准，并严格按规划要求达到这个标准。

在新学员入学的第一学年里，学员们要先熟悉四年教育计划的主要条款。不同教育组织者要与学员一起研究具体落实目标。比如军事教育计划，包括战术教官要在每个学期中与学员具体探讨和实施的问题都被列在其中。

学员要正确评估自己的信念、价值和人生观，对要达到的目标和标准作出承诺。比如在野外训练中担任上士、副班长和营区值日生等，他们的任务往往是需要管理下一届学生，因此做事干净利落、绝不拖延是基本守则，否则给下一届学员做了不好的榜样也会被扣纪律点数。

高年级的学员增加了很多特权，特别是体现在管理低年级学员的问题上，但拥有更多的权力同时又意味着需要负更多的责任，因此高年级学员反而更加懂得自我约束和纪律的重要性。他们必须对自己负责的事情毫不含糊，对需要达成的目标毫不马虎。他们深知"拖延导致平庸，行动成就卓越"，对待任务应该表现出军人的干净利落，不拖延，迅速展开行动。

"绝不拖延任何事情"是严格的军人准则，也是战争需要的准则。迅速、敏捷、及时、准确是军事活动中最宝贵的思想。就作战而言，迅速准确才能出其不意、攻其不备，打得敌人措手不及，只有这样才能把握战机，争取主动，万无一失。

埃克森美孚石油公司将"绝不拖延"列为公司员工的一条重要行为准则。

在"绝不拖延"思想的指引下，埃克森美孚石油公司建立了一个效率速度部门。这个创意来自一级方程式赛车（F1），这一世界顶级赛事近乎完美地诠释了"速度"的价值。

创意人约翰·丹尼斯也强调"绝不拖延"这一理念，在他办公室的数字墙上，你可以看到这样几句话：

绝不拖延！

如果我做事拖延，将会是怎样的后果？

如果我将工作拖到以后去做，那么会发生什么？

有一次，约翰·丹尼斯和他的助理去分公司巡视工作，下午时分来到休斯敦一个区的加油站，约翰·丹尼斯看见汽油标价牌上标注的还是昨天的价格，而根据最新指令，总部已经将油价下调了 5 美分/加仑①。

约翰·丹尼斯立刻让助手叫来了这个加油站的负责人科瑞恩。他非常恼火地指着标价牌大声说道："科瑞恩先生，你在昨天的梦里还没醒吧！知道吗？你拖延的行为已经损害了我们公司的荣誉，因为我们收取的单价

---

① 1 加仑 = 4.546 09 升。

要高出我们公布的单价 5 美分。如果你是客户，稍后发现这样的情况会怎样想呢？我想或许你会怀疑我们的管理水平，嘲笑我们的诚意，甚至到处宣扬让更多的人不选择我们的加油站。你现在这种拖延的行为会使我们的公司被传为笑柄。"

科瑞恩此刻也意识到了问题的严重性，连忙道歉，并承诺立刻就去办。

看见标价牌上的油价得到更改以后，约翰·丹尼斯总算是心情放松了一些，说道："如果我告诉你，你的裤带断了，你难道还会继续拖延吗？我想你肯定会立即换掉，否则出丑的就是你自己。你现在做事拖拖拉拉的态度，就等于让我们的公司出丑了。正在和我们竞争财富排行榜第一把交椅的沃尔玛超市同样信奉快速反应绝不拖延的理念，你必须牢记。"

拖延带来的麻烦可大可小，而养成拖延这个习惯则是成功路上的大忌。

我们每个人多多少少都存在着"拖延"这种坏习惯。我们总是为拖延时间而造成的结果懊悔不已，但是转眼又把教训忘得一干二净，在下一次遭遇类似问题时，又会习惯性地拖延下去。

比尔·盖茨说过："想做的事情，就立刻去做。"只有当你付诸行动了，才会得到意想不到的成果。

乔根·求达是丹麦首都哥本哈根大学的一名大学生。有一次，他去美国旅游，经过美国首都华盛顿，住在了威勒饭店。可是当他准备上床休息时，突然发现钱包不见了，而钱包里装着护照和现金，他立刻找来了旅馆的经理并告诉他所发生的事情。

"我们会尽力帮你找到的。"经理说。

第二天早上，钱包仍然没找到，乔根·求达身处异地，手足无措。打电话找芝加哥的朋友求救？到丹麦使馆补办护照？还是到警察局等待消息？他脑子里闪过一个又一个的念头。突然，他告诉自己说："我要去华盛顿游玩一圈，可能以后不会有这样的机会了，幸好我还有一张到芝加哥的机票没有放在钱包里，还有很多时间去处理钱和护照的事情。我可以走着去，现在应该是开心的时刻，我还是乔根·求达，和昨天丢失钱包之前没有什么区别，我应该在此享受快乐的一天，不能让丢钱包的事情影响我的心情。"

于是他开始徒步游玩，登上华盛顿纪念碑顶端眺望全城，参观了白宫和博物馆。虽然还有很多他打算去的地方还没有看到，但所到之处，他都尽情地游玩了一番。

回到丹麦以后，徒步畅游华盛顿是最令他难忘的经历，因为那段经历让他知道了"绝不拖延，立即行动"的重要性。一个星期后，华盛顿的警察局找到了乔根·求达丢失的钱包，并寄还给了他。

如果乔根·求达在想法产生后并没有立即行动，那么就不会得到徒步畅游华盛顿的乐趣。

男孩们，你们是不是经常会有拖拖拉拉，不到最后一秒绝不面对任务的习惯呢？

暑期作业总是留到最后一个星期去冲刺；平时做不完的作业就留到第二天的早自习去抄袭；为自己设定的学习目标总是连三分之一都做不到；想要做成的事情总是半途而废……每个男孩多多少少都会遇到过类似的情况。

无论遇到上面的哪种情况，你们都需要自问一下："这件事情如果现在不做，会不会产生恶劣的影响呢？"答案是肯定的。既然如此，你为什么不勇敢地去面对呢？

有时候当你调整好心态迎接挑战时，会发现问题并不像想象中的那么难，合理安排时间，努力克服拖延的坏习惯，碰到事情立即去完成，注定会实现你最大的梦想。

成功箴言：让立即行动成为本能。

5. 有耐心的人无往而不利
—— 形成做事有耐心的好习惯

美国第三十四任总统艾森豪威尔说："在这个世界上，没有什么比'坚持'对成功的意义更大。"

俗话说："好事多磨。"成功的取得是一个漫长而艰辛的过程，通往成功的每一步都蕴藏着很多苦难和挫折。因此想要获得成功，实现人生梦想，就必须戒骄戒躁，具备战胜困难的耐心和不达目的誓不罢休的执着精神，只有有耐心的人才会无往不胜，并取得成功。

"登泰山而小天下"是成功者的境界，如果到达不了这样的高度，就不会有这样的视野。但是，要想到达这样的境地并不是件容易的事情，人们从岱庙前起步上山，入南天门，过中天门，上十八盘，登玉皇顶，这一步步逐级登阶，起初倒觉得轻松，但是越到上面越觉得无比艰难。

十八盘的陡峭与险要曾令多少登山客望而生畏，游客只有振奋不达目的誓不罢休的精神，才能登上泰山顶峰，体验杜甫当年"一览众山小"的酣畅淋漓。

正如登泰山一样，世上越是珍贵之物，越是让人羡慕的成果，则费时越长，费力越大，得之越难。没有天上掉馅饼的好事，数学家陈景润为了求证"哥德巴赫猜想"，用过的稿纸能够填满整个小房间；作家姚雪垠为了完成《李自成》这部长篇小说，竟耗费了 40 年的心血。大量的事实告诉我们：点石成金不是随便就能实现的，它需要的是耐力和恒心。

在美国科罗拉多州这座山的山坡上，躺着一棵大树残缺的躯体。自然学家告诉我们，这棵树曾经有过 500 多年的历史。在它漫长的生命旅途中，曾经被雷电击中过 16 次，无数次狂风暴雨侵袭过它，都没能让它倒下。

但是最后，一小队甲虫的攻击却使它永远地躺下了。那些甲虫从外面的树根向里咬，渐渐伤了树的元气。虽然它们个头很小，却是连续不断地进攻。

矗立在森林中几百年的巨木，雷电不曾把它击倒，暴风骤雨不曾将它动摇，一小队用两个手指头就能掐死的小甲虫却凭借着坚持不懈的韧劲使它倒下了。

我们从这个故事中感悟到一个人生哲理：只要有恒心和毅力，蚂蚁也能撼大树！

在现实生活中，我们每个人都有可能会遇到这种艰巨任务：运动员想要挑战世界纪录，科学家想要解开大自然的奥秘，企业家想要跻身世界强者的行列……就是普通人在工作中也难免遇到困难。

莎士比亚说过："斧头虽小，但经过多次的劈砍，终能将一棵坚硬的大树伐倒。"还有一位作家说过："在任何力量与耐心的比赛中，要把赌注压在耐心上。"小甲虫之所以取胜，就在耐心和恒心上。

西点人认为，恒心主要体现在坚持上。坚持不懈的精神就是有恒心、有耐心的最佳表现。

俗话说："滚石不生苔，持之以恒的乌龟能快过灵敏迅捷的兔子。"如果一个人每天能够学习一个小时，并坚持十年如一日，那么他所学到的东西，一定比坐在学校里接受四年高等教育的大学生还多。

人类到目前为止，还没有一项重大成就不是凭借锲而不舍的精神实现的。做事不能持之以恒正是很多人失败的根源所在。英国诗人布朗宁这样写道：

实事求是的人要找一件小事做，

找到事情就去做。

空腹高心的人要找一件大事做，

没有找到而身已故。

实事求是的人做了一件又一件，

不久就做一百件。

空腹高心的人一下要做百万件，

结果一件也未实现。

那些成功人士凡事都会坚持到底，始终如一，所以他们才会成功。只要你坚持不懈，勤奋努力，就没有过不去的坎儿。最终，成功的道路上，一定会有你的身影。

吉杰是 2007 年湖南卫视"快乐男声"比赛中，南京赛区的第一名，全国赛区的第五名。当时可谓轰动一时，家喻户晓。

吉杰小时候就喜欢音乐，爱唱歌，可是出生在军人家庭的他受到了父母的强烈反对，不得不放弃自己的梦想。但是他喜欢音乐的嗜好没办法改变，就只能趁父亲不在家的时候打开收音机听会儿自己喜欢的歌曲，然后在父亲回家前再把它关掉。

即使这样，也没能抑制住吉杰对音乐的强烈渴望。虽然没有得到专业的培训，他还是通过对音乐的热爱和坚持不懈的自我培养，挖掘出自身的音乐潜能。

来到北京上大学以后，吉杰有了更多的自由空间。也就是在这个阶段，他的歌唱技巧渐渐地成熟起来。经常会听到身边的朋友赞美他的音乐才华，每当这时，吉杰儿时的梦想便会蠢蠢欲动。当"快乐男声"在全国各地召集人才时，已经在 500 强外企有着稳定收入的吉杰决定抓住机会，实现梦想。

吉杰选择了南京赛区参加海选，并以出色的表现获得了评委组颁发的直接晋级通行证——红领巾的同时，还得到了评委宋柯老师的高度评价：你当初怎么没去做歌手呢？

评委老师的肯定给吉杰打了一针强心剂，使他备受鼓舞，让他在下面的比赛中更加挥洒自如，并顺利夺得了南京赛区的第一名。虽然后面的比赛与他的工作产生了冲突，而且外界对他将近 30 岁的"高龄"一度产生怀疑，觉得他不适合继续比赛，但他还是下定决心参加全国总决赛。

在全国总决赛的赛场上，吉杰一路披荆斩棘，越过重重障碍，终于挤进全国前五强。从此以后，也有更多的人认识了这位勇敢的"快乐男生"。

在面对家庭的阻力和社会舆论的压力时，吉杰没有选择放弃。即便已近而立之年，他仍然凭借着自己的恒心和耐心迈出了坚定的一步，终于在"快乐男声"的舞台上实现了自己的音乐梦想。如今吉杰已经出了好几张个人专辑，而且产生了良好的反响。

无数成功者的事例告诉我们耐心对成功的重要性。如果你天生不具备持之以恒的耐力，那么你一定要后天培养它。只有具备了这种个性，你才能战胜困难，克服消极的情绪，走向成功；如果没有这种个性，即使你是聪明绝顶的天才，也不能保证你就能成功，而且很可能一败涂地。

成功箴言：做任何事情，只要有恒心和耐心，坚持不懈地努力就必定能成大事。

6. 健康的精神需要健全的体魄
—— 养成锻炼身体的好习惯

据说西点最著名的五星上将校长麦克阿瑟，是最早在西点推广体育锻炼和运动节目的，他还提出了"军校的每个学生都是运动员"的口号。他认为体育锻炼能够培养西点学生坚定执着的性格、自我约束和快速反应的能力。

有很多人认为，西点军校与美国常春藤名校最大的区别在于体能上的关注度，因为那些常春藤名校常常不可避免地弥漫着一些颓废消极的情绪，但是西点军校的学生必须是体能良好、性情积极的年轻人。不管这个学生的文章写得有多好、学习成绩多么突出，如果体能没达标，一样进不了西点军校；如果为人颓废消极，更是没办法在西点熬到毕业。

西点军校所信奉的格言是：健康的精神需要健全的体魄。

体育训练在西点军校四年的学习生涯中贯穿始终。所有学生都需要修习体育原理知识课程、身体素质基础知识训练课程、运动技巧课程等，并且需要在学校的四年中参加各类体育赛事。

西点军校的体育运动都是由专门机构组织的，涉及面也很广泛：网球、篮球、足球、排球、垒球、美式橄榄球、游泳、摔跤，还有各种诸如短跑、马拉松和越野跑等等。

由于西点的学生有其优胜的体能，因此经常会参加各种大大小小的校际体育比赛。在31项校际体育比赛中，西点有25项都处于绝对的领先地位。也正因为如此，西点学生对体育赛事的结果非常看重，视此为他们荣誉的重要象征。

每当西点有重要的校际体育比赛时，西点上下便会如临大敌。漂亮的女子啦啦队、骡子（美国陆军吉祥物）、坦克车和老式大炮都有可能会搬上赛场进行造势。有时甚至会调来军校的直升机临场助威。赛事在中场休息阶段，大量的西点学生就会冲入体育场内，集体做俯卧撑，用此起彼伏的气场吓倒对手。

通过体育赛事上的氛围，西点军校会鼓励学生们加强体育锻炼，拥有健康体魄，并在体育锻炼中获得友谊、激发好胜心、懂得团队合作，真可谓是一举数得。

美国第三十四任总统、陆军五星上将艾森豪威尔，有着将近1.8米的身高，而且身形很魁梧。他在西点军校能够脱颖而出，要归功于他的体育能力。他在足球运动上非常有天赋，曾经为西点足球队立下汗马功劳，甚至得到美军足球联队的邀请，还曾经得到过"堪萨斯旋风"的美名。

除了足球，艾森豪威尔的拳击、击剑、游泳和摔跤也都有着骄人的成绩，这些让他在进入西点军校以后快速走进人们的视野。

"我敢肯定这个小家伙能够横渡英吉利海峡，和敌人短兵相接。"这是当时教官对他的评价。

很可惜，艾森豪威尔的膝盖在一场赛事中受了伤，虽然之后治愈了，但在足球场上很少再看见他矫健的身影。但是他仍然积极热情地参加其他体育锻炼，比如双杠这种体操运动，还有游泳等，都让他始终保持着良好的体能和清醒的头脑。

体育运动锻炼了他的自制力，增强了克服困难的意志力，相信这些也都给他未来成为美国总统奠定了坚实的基础。

西点军校第四任校长塞耶曾经说过："一个人身体上有力量，心理上也就有了依赖。"的确如此，健全的体魄对于人们健康的精神有着非常大的影响，人们所说的身心健康，说的就是身与心是分不开的。

正像古希腊伟大的思想家和发明家亚里士多德所说的那样："生命在于运动。"

温州人不但财大气粗，而且还"胆大包天"。他们似乎什么都敢包，有包地的，有包油井的，还有包海的，甚至还有人敢"包天"。"包天"的这个人就叫王均瑶，赫赫有名的均瑶集团的董事长。

王均瑶从小家境贫寒，16 岁便背井离乡，来到了温州龙岗。为了糊口，就在长沙一带承包五金和印刷业务。1989 年临近春节，王均瑶忙得忘记了提前买火车票，只好和同样被困在长沙的老乡以两倍的价格包了一辆大巴回家。

在路上，王均瑶感叹道："汽车可真慢。"

一位老乡挖苦他说："飞机倒是快，你有本事包个飞机回家啊。"

说者无意，听者有心，这个爱思考的年轻人"包飞机"的想法一说出口，就遭到了亲戚朋友的讥笑。要知道，当时不用说包飞机，就是坐飞机也不是谁都能坐得起的。但是王均瑶并没有放弃，他进行了长达一年的走访、市场调研及和有关部门沟通。

对王均瑶来说，1991 年 7 月 28 日是个令人难忘的日子。中国民航的历史被王均瑶改写了，他承包了"长沙——温州"的航线。包机的第一年就给他带来了 20 万元的赢利。那年王均瑶刚满 25 岁。

随后，他趁热打铁，包下了全国 400 多家航班，成立了温州天龙包机有限公司，这在全中国是第一家私人包机公司。

不久之后，王均瑶发现牛奶中暗藏着商机，于是，1994 年均瑶集团乳业股份有限公司成立了。从此以后，王均瑶确定了自己的发展主业——航空和乳业。

当温州人都知道了王均瑶，他却把总部搬到了上海。王均瑶认为，上海就像纽约，这里的人才资源和信息资源是源源不断、无穷无尽的。

王均瑶的生意越做越大，但他的管理水平却难以同步提高，很多事情非要自己亲自上阵。他经常为了赶一个计划书几天几夜不睡觉，还经常以泡面为食，就像永远不知疲倦的机器，疯狂地工作着。

直到有一天，王均瑶突然感到肚子一阵剧烈的绞痛，实在忍受不了，他才去医院做了检查，结果是食道癌。2004 年 11 月 7 日，王均瑶因食道癌英年早逝，那年他只有 38 岁。

　　王均瑶的病逝，引发了很多浙江商人的感触，因为他们和王均瑶一样感同身受，在生意场上承受着巨大的心理压力和体力透支。

　　其实在现代社会中，这种"过劳死"的成功者不在少数，应该引起我们的注意。一个人如果没有个健康的身体，经常卧病在床，又何谈孝敬父母，实现梦想呢？

　　健康是"1"，而幸福、事业、金钱、成就等都是后面的"0"。当然，这个"0"越多，就证明你越成功，你的生命越有意义。但是，如果前面的"1"没有了，后面的"0"再多又有什么意义呢？我们每个人都要爱惜自己的身体，希望悲剧不再发生。

　　男孩们，你们是不是希望自己高大帅气、四肢协调、身体健康呢？那就多做运动吧，而且运动场上是收获朋友的绝佳地方，只要不影响正常的学习生活，多做运动绝对有百利而无一害。

　　成功箴言：好身体是你取得成功的基本筹码！

第六章

把握机会
——机遇掌握在自己手中

1. 自动自发的精神是必备的一课
—— 做自己的幸运之神

《西点军校制胜法则》的第十五条包括：自动自发的精神是必备的一课。做自己生命中的主人，做自己生活中的"总统"，你每天、每小时、每分钟都可以做出自由的选择，我们每个人都能扛得起灾难和烦恼。

对于一个人而言，最坏的事情莫过于总觉得自己天生就是不幸的人，觉得自己得不到命运女神的眷顾。其实，在我们的思维王国之外，根本就不存在什么命运女神。我们的命运是掌控在自己手中的，命运要靠自己去支配。

在这个变幻莫测的社会中，你发现周围的环境并不像以前那么理想，必须要改变自己的处境：要么抛弃旧的，要么追求新的。而这一切都需要能力。

每当有新情况出现在你面前的时候，都应该有新的对策，你是否有能力积极主动地去适应或改变？事业生涯的选择是你人生中所作出的最重大、最有意义的选择之一，它向你提出了相当大的挑战，使你奋不顾身。你应为此做好大量的准备工作，并在这个过程中努力培养自己的能力。

无论做什么事情，具备相应的能力是前提，它往往会对事情的结果产生重大影响。这是一个真实的故事：

有一个小男孩出生在旧金山的贫民区，由于小时候营养不良而患上了软骨症，他在6岁时双腿呈现出"O"字形，小腿更是萎缩得很严重。但是在他幼小的心灵中一直深藏着一个连他自己都不敢相信能够实现的梦——成为美式橄榄球的全能球员。

这个小男孩是传奇人物吉姆·布朗忠实的球迷，每当吉姆所在的克坦克夫兰布朗斯队有比赛时，他就顾不上双腿的不便，一瘸一拐地走到球场为偶像加油。由于他没有钱买门票，只好等到比赛快结束的时候，从工作人员打开的大门悄悄地溜进去，观看仅剩的最后几分钟比赛。

在他12岁的时候，终于在一家超市门前见到了自己的偶像。他大方地走过去说："布朗先生，我是你最忠实的球迷。"

吉姆·布朗礼貌地向他说了声谢谢。这个小男孩接着又说："布朗先生，我想告诉你一件事？"

吉姆低下头问道："小朋友，你想告诉我什么事啊？"

这个小男孩神情自若地说："我记得你创下的所有纪录和布阵。"

吉姆·布朗非常开心地说："是吗，那真是不简单。"

这时，这个小男孩昂着头，眼睛闪耀着光芒，充满自信地说："布朗先生，终有一天我会打破你所创下的所有纪录。"

听完小男孩的话，这位美式橄榄球明星大笑着说道："好大的口气哦，小家伙，你叫什么名字啊？"

小男孩非常骄傲地说："我叫奥伦索·辛普森，大家都叫我O.J.。"

奥伦索·辛普森日后的确实现了他儿时的诺言，在美式橄榄球的赛场上打破了吉姆·布朗所创下的每一项纪录，同时也创下了一些新的纪录。

我们将来会成为什么样的人、以后会有什么样的成就，取决于我们年少时的梦想。

在这个世界上，只有一个人能够决定和改变我们的命运，那就是我们自己。命运是掌握在自己手里的，我们要做自己的幸运之神。

英国文艺复兴时期的哲学家、散文家培根说过："一个人必须为自己创造机会，就像时常发现它一样。"西点军校在"兽营"对新学员进行"野兽"式训练时，将训练他们自动自发的精神当成必修课。西点给学员灌输的是：调整好自身的心态与情绪，积极应对一切。不要被动地接受命运的安排，而是要主动地调整好心态，迎接一切挑战。西点人认为等待机会是一种愚蠢的行为。

在一次意外的火灾事故中，消防队员从一堆残垣断壁中救出了一对孪生兄弟——李阳和李光，他们是这次火灾为数不多的幸存者。

李阳和李光虽然活了下来，但是大火留给他们的是挥之不去的阴影。这次火灾带给兄弟二人的是80％的重度烧伤，容貌全毁。出院以后，弟弟整日唉声叹气：“我现在这个样子，以后可怎么办，还怎么见人呢？这么活着，还不如一死了之呢。”可哥哥却努力地安慰弟弟说：“我们能从这次火灾中幸存下来，是上天对我们的眷顾，可见我们的生命是多么珍贵，我们要活得更精彩才对。”

后来，弟弟因为忍受不了人们异样的目光，便偷偷地服了安眠药自杀了。而哥哥李阳却艰难地生存了下来，虽然在生活中也会遭受别人异样的目光或是冷嘲热讽，但是他凭着坚韧的毅力走了过来，他时刻提醒自己：“我要自己掌握命运。”

有一天，天空飘着零星的小雨，李阳经过一座桥时，看见桥上面站着一个人，他要自杀。这个人跳下去之后，被李阳救了起来。没有想到的是，被救起的这个人是个亿万富翁，他非常感激李阳的救命之恩，就帮助他做了一笔生意。几年后，李阳自己挣够了钱便给自己做了整容手术。

即使境遇相同，不同的人会遭遇不同的命运。一个人的命运不是由上天安排的，也不是别人左右的，而是由自己决定的。

男孩们，在人生的旅途中，我们都难免遭遇到各种各样大大小小的磨难。但是我们必须拥有抵抗磨难的勇气和能力，不能望风而逃。有时候，命运会故意制造一些暴风骤雨来考验我们，我们随时都要做好迎接考验的准备，并敢于向命运下战书。因为我们要自己掌握命运，做自己的幸运之神。

成功箴言：要有选择命运的能力，做自己的主人。

2. 机会只为有准备的人而准备
—— 未雨绸缪方能决战千里

西点军校前校长弗雷德·斯莱登说："在人生的战场上，幸运总是光临能够努力奋斗并抢占先机的人。"爱因斯坦曾说过："机遇只偏爱有准备的头脑。"所谓有准备的头脑包括两方面的内容：一是知识的积累。没有博大而精深的知识，是很难发现和捕捉机遇的；二是思维方法的准备。如果只是有了知识，却不具备现代思维方式，同样发现不了机遇，只好任凭它悄悄地从你身边溜走。

每个人的成功都来自于主动地去寻找机会、施展创造力。那些甘于沉沦和平庸的人最终会继续消沉和平凡下去，而那些积极主动、善于创造机会的人，则能从最庸庸碌碌的生活中找到一丝机会，他们会用自身的行动改变自己的处境。

19世纪的英国物理学家瑞利从日常生活中观察到这样一个现象：端茶时，茶杯会在碟子里滑动或倾斜，有时茶杯里的水还会洒出来一些，但只要茶水洒在茶碟一点，茶杯再在碟子上滑动时就没那么容易了。发现这一现象后，瑞利对此又做了进一步研究，做了很多类似的实验，结果得出一种求算摩擦的倾斜法，他因此获得了意外的惊喜。

美国著名工程师富尔顿10岁时，有一天和小伙伴们出去划船钓鱼。富尔顿坐在船边，他的两只脚不经意地在水里来回划着。突然，船缆松了，小船向前漂去。富尔顿没有忽略这种生活中的小发现，他知道是自己的脚和船桨一样起到了划行的作用。富尔顿长大后，经过刻苦的学习和钻研，终于研制出了世界上第一艘轮船。

抓住机遇并没有固定的模式和规律可循，但过人的洞察力和判断力是能够抓住机遇的重要因素，这是毋庸置疑的。平时要多留意身边的小事，要有敏锐的洞察力，这样才能保证你不会错过任何降临到你身上的机遇。牛顿不忽视苹果落地，伽利略没有放过吊灯摆动，瓦特钻研烧开水后的壶盖跳动等，这些本来都是习以为常的现象，但是他们用自己过人的洞察力发现了这些现象背后的东西，从而有所发明或发现。

机会的降临通常都是偶然的，它就暗藏在我们的日常生活中，不管你做什么事情，其中都是有机会的。

《致富时代》的杂志曾经刊登过这样一个小故事：有一个自称"只要赚钱的活都干"的年轻人，偶然间听人说，市民需要便宜的塑料袋盛垃圾。于是他立即对此做了市场调研，通过认真分析，认为有利可图。然后他就迅速着手行动，很快把物美价廉的塑料袋推广到市场上。结果，靠那个不经意间得到的一个消息，这位小伙子在半个月内就赚了4万元。

敏锐的洞察力是把握机遇的好助手。除此之外，要想抓住机遇，还要具备过人的判断力。很多人都是因为自己的判断力太差，才错失成功立业的机遇，他们做人似乎永远不能自主，非得有人帮衬扶持不可，即使遇到一点小事，也要找人商量。于是，越商量越拿不定主意，越胡思乱想，就越会弄得不知所措，没有结果。

没有判断力的人，大半生都浪费在没有主见的怀疑之中，即使给他们成功的机遇，他们也不能达到成功的目的。成功者几乎都具备当机立断、把握机遇的能力。他们只要把事情调查清楚，计划周全，就会立刻果断地执行，不再怀疑。

我们要善于在现实生活中捕捉信息并加以利用，只有这样，机遇才不会从我们身边溜走。

在圣诞节前夕，美国曼尔登公司的一位部门经理从芝加哥去旧金山做市场调研。在火车上，一位身穿金色圣诞礼服的女郎十分抢眼，同车的少女，还有好多中年妇女都盯着她的那件礼服看，有的甚至还特意走过去打听礼服是在哪儿买的。

这位经理眼睛一转，觉得赚钱的机会来了。当天已经是 12 月 19 日，还有不到一周的时间，圣诞节礼服在此期间一定是畅销货，火车上就有那么多人喜欢那件礼服，那么整个美国将是多么庞大的市场啊！

于是他走过去彬彬有礼地向那位女郎提出拍张照片留个纪念的请求，那位女郎欣然接受。拍好照片后，这位经理中途便下了车，给公司发了张传真电报，要求公司在圣诞前务必要向市场推出一万套这种衣服。

公司接到传真后，立即把公司里的设计师召集来，按照传真过来的样式设计，并于当晚 23 点 30 分，向公司下面的服装加工厂下达投料生产指令，加班加点，以最快的速度生产出一万套"圣诞节金装女郎"礼服。

12 月 23 日下午 2 点，一万套"圣诞节金装女郎"礼服同时摆在了曼尔登公司下属的五个铺面，女同胞们争先恐后来抢购。直到圣诞节当天下午 4 点，除了留下两套作为公司的样品之外，其余的全部销售一空，公司在短短的几天内净赚 100 万美元。

这个成功的事例告诉我们，要想成功，必须善于观察生活中的小插曲，捕捉和利用各种信息，从中发掘机遇。如果想要成功，就必须头脑敏捷，行事果断。抢先一步，往往就能抢得先机，掌握竞争的主动权。而抢先一步，需要有足够的信息以及一个能够灵敏判断信息的头脑，需要超前的"注意力"。

生活中，总有一些人时时抱怨命运的不公，其实上天对待每个人都是公平的，在给予别人机遇的同时，也给了你相同的机会。这个时候，是否能够获得成功，关键在于你是否具备捕获机遇的能力，因为机遇是为有准备的人而准备的。

成功箴言：最有希望的成功者，是那些善于抓住机会的人。

3. 上战场就要做好战斗的准备
—— 主动迎接挑战

"没有什么不可能"，这是西点人经常说的一句话。西点军校教官鲁斯经常告诫学生："'没有办法'或是'不可能'，对你来说没有任何好处，它只能使事情画上句号，所以请马上删掉这样的想法。无论遇到什么困难，总有最合适的办法来解决它，你应该把它融入你的大脑中。"

第二次世界大战后期，盟军发动了一次较大规模的进攻，当时盟军统帅艾森豪威尔正在莱茵河畔散步，他遇到了一位看起来心事重重的上尉。

"你是不是有什么心事?"艾森豪威尔将军问道。

"将军，"那个年轻人说，"我心情糟透了。"

"是你的士兵给你惹麻烦了吗?"艾森豪威尔将军问道。

"不是的。是我的长官，他让我带领少得可怜的士兵去完成一项艰巨的任务。我认为这根本不可能。"

听到这里，艾森豪威尔将军忍不住给这位上尉讲起了自己的经历："我当年曾率领不到一百名的士兵去攻占敌人的军事重地。接到这项任务时，我也曾经像你一样疑惑重重，觉得根本不可能攻下来。于是，我找到长官，向他说明敌人的地形、我军的劣势等一系列对我军不利的因素，但长管只对我说了一句话'没有什么不可能'。所以，我只好率领军队出发了。在激烈的战斗中，每当我军要被击垮时，我就想起长官的那句话，最后居然以不可思议的顽强战斗完成了那项任务。"

每个人的内心都存在着两股力量，其中之一是：我什么都能做到，因为我天生就是做伟人的材料；而另一股力量是：我办不到！在遇到困难与失败时，两股力量的斗争愈加激烈。其实，我们每个人最大的敌人就是自我怀疑和害怕失败。

古罗马哲学家塞尼卡曾经说过这样一句话："真正的伟人，是像神一样无所畏惧的凡人。"无论在什么情况下，我们都要勇敢地面对人生，保持生活的勇气和不屈的奋斗精神，那么我们就是生活中的强者，离成功就会越来越近。

在学习和生活中，我们同样可能碰到和战场上一样的艰难险阻，但是对于勇敢的人来说，没有什么是不可能的。困难可以克服，敌人可以消灭，关键要具备迎接挑战的勇气。能够勇敢面对挑战的人，必定是有决心和方法的智者。他懂得冷静思考，然后寻找一个合适的方法攻克一切难关。

一个不敢面对挑战、逃避困难的人，很难让人相信，他能有什么大的作为。这样的人又怎么能肩负起重大的使命呢？事情的发展总是变幻莫测，我们每天都会碰到各种意想不到的突发状况，但只要勇敢地面对，我们最终会战胜这些不利的因素。

罗萍在一家连锁餐饮集团公司工作，是一名普通的营业员。因为工作出色，她曾多次被评为最佳店员。有一天，连锁店里发生了一件意外事件，一位客人在用餐时突然倒地，四肢抽搐，口吐白沫，众人都怀疑是食物中毒，甚至还有人打电话要通知报社和电视台。

在这关键的时刻，罗萍异常镇定，一方面指挥其他店员打 120 急救，一方面竭尽全力安抚顾客，保证不是食物中毒。她告诉大家，这里的食物绝对没有问题，并当众吃下了好多饭菜。为了防止谣言的传播，她还恳请客人们等待急救车到来后，由医生来诊断这次意外的缘由。

急救车很快就来了，医生仔细检查后告诉大家，这位顾客根本就不是什么食物中毒，其实是羊角风发作了，请大家放心吃饭，一场危机就这样化险为夷了。正是由于罗萍勇敢、机智，才使得公司避免了一场麻烦，她受到了公司领导的高度赞扬。不久，罗萍便升为店长。

在工作中，员工要有承担责任的胆量，不能推脱和逃避。在学习和生活中，我们同样需要有承担责任的胆量，遇事不推脱、不逃避。如果一个人遇事退缩，那只能说明他缺乏主动挑战的勇气。这样的人永远与成功无缘。

男孩们的成长之路并不在于是否会一帆风顺，而在于这个男孩是不是一个敢冲撞命运、主动迎接挑战的人。别人做不到的事，勇敢的男孩都能做到；克服别人克服不了的困难，就是勇敢男孩的专长。

美国著名钢铁大王安德鲁·卡内基是这样描述他心目中优秀员工的："我们需要的并不是那些有着高贵血统或高学历的人，而是那些有着坚韧意志，勇于向工作中的'不可能'挑战的人。"

挑战的最高境界就是自我挑战，挑战已有的成功，把"不可能"的事变成可能。每一位取得成功的男孩，都应该把这句话铭记于心。事实上，每个人的身上都蕴藏着极大的潜能。上战场有可能挨枪子儿，可什么都不做的结果如同上战场，主动勇敢地向不可能的任务发起挑战，有利于我们不断打破自我限制，充分挖掘自我潜能。

成功箴言：主动迎接挑战的人，是勇敢的人，也是有决心和方法的智者。

4. 不断寻找机会的人才能及时把握机会
—— 人生处处是机会

凡是有过一番作为的人，往往不是那些被幸运之神眷顾的宠儿，而是那些"没有机会"的苦孩子。西点人认为，没有机会创造机会也要上。

在人类历史上，那些在困境中获得成功的人的故事要比任何一件事都神奇，这些故事讲了人们如何在黑暗中探索，最终找到光明的出口；如何从痛苦与贫穷之中，不断摸爬滚打与奋斗，克服重重艰难险阻，并取得最后的胜利；如何在普通的岗位上做出不平凡的事迹来，以及那些资质平庸的人是如何靠着坚强的意志，经过坚持不懈的努力而最终成就大业。

"没有机会"永远是失败者口中的托词。当我们尝试着迈入失败者的群体对他们加以访问时，他们会振振有词地说，他们失败的原因是没有像别人一样得到机会，没有人帮他们，提拔他们。他们还会向你哀叹，所有好的机会都已经被他人抢先占据了。总之，他们是没有一点机会了。

但是有骨气的人却从来不找这些借口，他们从不怨天尤人，只知道尽自己所能大踏步地向前走。他们更不会等待别人的帮助，因为他们会自助。他们从不等待机会来找自己，而是制造机会。

世界古代史上著名的军事家和政治家亚历山大打完胜仗之后，有人问他，如果有机会，他想不想把第二个国度给攻下来。他大喊道："即使没有机会，我也要寻找机会！"世界上所缺少的不正是那些能够制造机会的人吗？

等待机会而至变成一种习惯，这将是一件十分危险的事。生活和学习的热情与活力，就是在这种等待中耗尽的。对于那些无心学习却只会痴心妄想的人，机会是可望而不可即的。只有那些努力学习的人，不肯轻易放过任何机会的人，才能发现机会。

机会的出现往往是偶然的，其实它就暗藏在日常生活中，任何事情中都不缺少机会。伟大的成就和业绩，永远属于那些具有奋斗精神的人，而不是那些一味"守株待兔"，等待机会来找自己的人。

我们应该牢记，良好的机会一定要自己寻找。如果你觉得个人发展的机会在别人身上，那么你注定不会成功。机会其实还隐藏在每个人的人格之中，就像未来的果树包含此刻在果树的果实里一样。

如果每个人都抱着"我没有机会"的念头，那么那些生长在穷乡僻壤里的人怎能进得了白宫？怎能成为美国总统？但是好多生长在优越环境中的人，其成就有时还不如穷乡僻壤里的人，这又怎么解释呢？

再看看那些出生在贫民窟的人，他们有的当了议员，有的成了大银行家，有的成了大金融家，还有许多人成了大商人。许多大商店和大工厂，不就是那些"没有机会"的人靠着自己的努力而建立的吗？

现代成功学大师拿破仑·希尔曾经聘用了一个年轻小姐做自己的助手，这位小姐的主要职责是帮拿破仑阅读、归类及回复他的大部分私人信件。而希尔付给她的报酬和社会上从事类似工作的人的报酬大致一样。

有一次，希尔口头叙述了一句格言，让他的助手用打字机打下来。这句格言的内容是："注意，你唯一的限制就是在你的脑海中为自己所设立的那个限制。"

然而，令希尔没有料到的是，他的助手拿着打好的格言交给他时，说道："您的格言非常有价值，它给了我灵感，使我产生了一个想法。"

这件事并没有引起希尔的注意，但是，从那天开始，他的助手用完晚餐后就回到自己的办公室，去从事一些她分外的且没有任何报酬的工作，并且她把写好的回信送到了希尔的办公桌上。这位小姐已经把希尔的风格研究得非常透彻了，每封回信都和希尔写得一样好，有的甚至比希尔写得更得体。

后来，他的私人秘书因为一些个人原因不得不辞职，希尔在考虑找人来替补他的私人秘书时，不由自主地想起了那位小姐。其实，在希尔还没有让她接替这个职位前，这位小姐就对这个职位的工作已经很熟悉了。这是因为她在空闲时间里对自己进行了训练，终于使自己具备了担任希尔下属中最好职位的资格，这就是那句格言的作用。

更出乎意料的事情还在后面，这位小姐的办事效率极高，不可避免地引起了其他公司的注意，他们愿意给她提供一个高薪职位来聘任她，这使得希尔不得不再次给她加薪，这位助手此时的薪水比她刚来时已经高出了4倍之多。

因为现在这位小姐的身价不能和以往相提并论了，所以希尔只能这样做。最重要的是她的价值在不断增大，失去这个助手将会是希尔的一大损失。

这位小姐能够成功的原因在于她自身所具备的强烈的进取心。这种强烈的进取心不仅给她带来了高薪，还给她带来了一个更大的好处。正是因为她自身已经拥有了进取心这种美德，积极主动地去工作，因此，她在工作的过程中才不会产生被动的迫不得已的感觉，而是在身心愉悦中完成各种工作。

无论你做什么事情，你都要努力从中寻找机会。除了你分内的事以外，你还可以做更多有意义的事。在你主动去做这些事的时候，你就会明白：你并不是为了钱而去做这些事，而是为了获得更多的经验，培养自己更强的能力。

强烈的进取心是一种优良的品质，它会帮助你走向成功。除了要寻找机会，你还要随时做好迎接机会的准备，因为机遇往往是稍纵即逝的。同样的信息，同样的机会摆在人们面前，有的人视而不见，充耳不闻，而有些人却独具慧眼，机遇一旦出现，就抓住不放，从而获得巨大效益。

所以，没有机遇，我们就要主动寻找机会，还要做好机遇随时降临的准备，只有这样，我们才能真正地乘着机遇的风帆不断前进。

成功箴言：寻找机会比等待机会更重要。

5. 点滴的小事之中蕴藏着丰富的机遇
—— 从小事做起

美国法学家霍姆斯曾经写过一篇题为《每一个细节背后的伟大力量》的文章，而西点对细节的力量也深信不疑。因此西点再三强调要熟知每一个细节，从背诵一些日常行为守则、把扣环擦亮，到 M16 的构造和使用。或许这些小事都是微不足道的，但是西点军校却严格要求每个学员都必须做好。

西点非常注重对新学员在细节上的训练，要求新学员背诵新学员知识，除了要牢记会议厅里挂着几盏灯、蓄水库能盛多少水之外，还包括在大家面前大声背诵行事日历（今天几点要做什么事）。另外，学校还很注重服装仪表的细节。

西点让所有的学员明白，点滴的小事之中蕴藏着丰富的机遇，不要因为它是一件不起眼的小事就不去做。要知道，所有的成功都是由点滴的小事积累起来的。

每个人的生活，都是由一件件小事组成的。士兵每天的任务就是列队训练、战术操练、站岗巡逻、擦拭枪支等小事；饭店服务员每天的工作就是打扫卫生、面带微笑、回答客人的问题、端盘洗碗等小事；秘书每天要做的事情就是接听电话、整理文档、收发邮件之类的小事；而男孩们的生活中则被报到、上课、学习、考试、体育锻炼等小事填满了。

很多男孩都会大大咧咧地认为生活中的小事无关紧要，但这往往是学习和生活的关键。对待小事或细节的处理方式往往反映了你学习和处事的态度，是积极主动、脚踏实地，还是整天痴心妄想，却不愿踏踏实实地从身边的小事做起，这就是成功者与失败者的根本区别。

有一位年轻人在一家石油公司工作，他的职责是检查石油罐盖焊接好了没有。这是公司里最枯燥乏味的工作，凡是有点本事的人都不愿意做这个工作。这位年轻人也认为每天面对一个个的铁盖子太无聊了。于是，他找到领导，要求调换工作。可是，领导说："不行，你胜任不了别的工作，只能做这个。"

年轻人听到领导这么说，无奈之下只能回到焊接机旁，继续做着检查一个个油罐盖上的焊接圈的工作。"既然不给我分配好工作，那我就先把这份枯燥的工作做好吧！"年轻人这样想。

从此以后，这位年轻人就把心思完全地扑在自己的工作上，仔细认真地观察焊接的整个过程。他发现，想要焊接好一个石油罐盖，需要39滴焊接剂。

为什么非要用39滴呢？38滴不行吗？在他之前，已经有很多人从事过这份工作，然而从来没有人思考过这个问题。这位年轻人不但提出了这样的想法，而且还认真地进行了测算实验。测算的结果是，要想焊接好一个石油罐盖，只需要38滴焊接剂足矣。这位年轻人在最没有机会、没有平台施展才华的工作上，找到了用武之地。

年轻人异常兴奋，立即为节约下这一滴焊接剂而努力工作。以前的自动焊接机是为每个石油罐盖耗费39滴焊接剂而设计的，用原有的焊接机，就无法实现节省焊接剂的目的。年轻人下定决心另起炉灶，研发新的焊接机。

经过无数次的试验，他最终把"38滴型"焊接机研制出来了。这个新型焊接机，焊接一个罐盖就能够节省一滴焊接剂。

就这样，不到一年的时间，这个年轻人竟然为公司赚回了5万美元。

有谁还敢看不起一个每年能创造5万美元价值的人呢？由此这个年轻人迈出了成功的第一步。他就是世界石油大王——洛克菲勒。

有人问洛克菲勒成功的诀窍是什么，洛克菲勒说："不要忽视每一件小事。我是从一滴焊接剂开始的，对我而言，点滴就是大海。"

　　成功者之所以能够成功，并不是因为他们做了多么伟大的事，而在于他们不因为自己所做的是小事而有所懈怠。

　　希尔顿饭店的创始人康·尼·希尔顿也是一个十分看重"小事"的人。康·尼·希尔顿对员工的要求是："千万不要把自己的心事放到脸上，无论饭店遇到了什么样的困难，希尔顿服务员的脸上都要拥有灿烂的微笑。"也正是这微不足道的微笑，让希尔顿饭店的名字响彻整个世界。

　　曾有一位作家这样描述他在希尔顿愉快的经历：我早上起床后，一打开门，就有一名漂亮的服务员向我走来并问好，还叫出了我的名字。我非常好奇，便问她怎么知道我的名字。

　　"先生，从你们踏进这个饭店开始，我们就要记住你们每一位客人的名字。"

　　然后，我从五楼坐电梯下去，到一楼电梯门一开，又有一位服务员站在那向我问好，他同样说出了我的名字。

　　这怎么可能？

　　"先生，是上面打电话，告诉我您下来了。"

　　接着，我去吃早餐，桌子上摆着一个点心。我就问服务员，这个点心中间红色的是什么？服务员看了一眼，退后一步说，这是什么材料。

　　他为什么向后退一步呢？那是为了避免他的唾沫溅到我的食物上。

　　试想，如果我们在这样的一家饭店用餐后是不是会身心愉悦，难以忘怀呢？这就是希尔顿饭店的魅力所在。

　　如果一个人想要取得成功，就要从小事做起并持之以恒，凭着坚强刚韧的品质打好自己的基础。小事情往往是成就大事情的基础，所以只要坚持不懈，把身边的小事做好，就能从中挖掘到机遇，才能成就一番大事业。

　　成功箴言：事物之间都是有着密切联系的，而你的成败往往就是由一些微不足道的小事决定的。

6. 抓住人生的每一次机会
—— 善于辨别机遇

《辞海》中说："机遇就是导致事物发展新突破的偶然机会。"当然，突破有好有坏，机会作为一种客观条件，其本身并不会必然导致成功，失败中也常常伴随着机会的影子。"祸兮福之所倚，福兮祸之所伏"说的就是这个道理。

可见，机会是有好坏之分的，好机会能帮助你梦想成真、一帆风顺，而那些不好的机会则是成功路上的陷阱，它不但浪费了你的时间和精力，最终还会让你品尝到失败的苦果。

西点人认为，在把握机遇的过程中还需要勇气，那是因为真正的机遇并不永远都是开满鲜花的城堡，让大家一目了然，很多时候还需要点"赌博"的勇气。

有一位富翁在非洲的大草原上狩猎，经过三天三夜的周旋，一匹狼成为了他的猎物。当向导抓住那只狼准备剥下狼皮时，富翁制止了他，问道："你觉得这只狼还能活吗？"向导点了点头。富翁打开背包里的无线通讯设备，命令停在营地的私人直升机立刻来接走这只狼，他要救活这只狼。

直升机载着受了重伤的狼飞向了400千米外的一家动物医院。富翁坐在草地上陷入了深深的思考。这已经不是他第一次狩猎了，但是从来没有给过他像这一次这么大的触动。他曾经捕获过羚羊、斑马、小牛甚至狮子等无数的猎物，这些猎物大多都被做成美食吃到肚子里了，而只有这只狼让他产生了让它生存下去的念头。

狩猎时，这只狼被逼到了一个近似于丁字形的三岔口，向导从正前方迎面包围过来，富翁端着一把枪，狼便被堵到了中间。在当时那种情况下，狼完全可以选择岔路口逃跑，可是它并没有那么做。

富翁百思不得其解，那只狼为什么迎着向导的枪冲过去，而不选择岔路口逃掉呢？难道岔路口比向导的枪还要危险吗？

这只狼是在夺路时被捕获的，富翁打中了它的臀部。面对富翁的疑惑，向导说："埃托沙的狼是非常聪明的，它们知道只要冲过去，就有生的希望，如果选择岔道就必死无疑，因为那条看似平坦的康庄大道必定暗藏陷阱，这是它们在长期与敌人周旋斗智中悟出的真理。"

富翁听完向导的一番话后，感到很震惊。

据说，那只狼最后被救活了，被送到纳米比亚埃托沙禁猎公园里开始了新的生活，而富翁也承担了这只狼所有的生活费。

富翁很感谢这只狼，因为它使他明白了一个道理：机会和陷阱是可以相互伪装的。想要抓住机遇，就要学会从陷阱边沿寻找机遇。

王鹏是一个特别容易相信他人的年轻人。在求职的路上，曾经被一个骗子用假金像骗走了3 000多元钱。于是家人提醒他现在满大街都是骗子，千万不要轻易相信别人。王鹏便全盘接受了家人的建议，从此变成了一个多疑的人。

在一次招聘会上，一位女画家看中了他健美的身材，欲以高薪聘请他做自己的业余模特。

"怎么样，小伙子，年薪20万元，你可以做兼职模特，平时你还可以做你自己想做的工作。"

王鹏先是惊喜万分，然后便心生疑虑："哪有天上掉馅饼的事，一定是个骗子。"然后便头也不回地走了。

他就这样错失了一个年薪20万元的机会。

几天之后，他又去了一家外企应聘。老总很欣赏他一口流利的英语，他健美的身材和那稳重的气质也给他加了不少分，面试刚一结束，老总就告诉他："你被录取了，做我的助理，月薪2万元。今天晚上有一个重要的宴会，需要翻译，所以请你立刻投入到工作中。"

"我想先回家看看。"王鹏担心家里没人照看。

"先工作吧，别回家了。"说完，老总便去忙了。

此时的王鹏却想："这是不是一家骗子公司，想把我留在这，然后派人去我家偷东西？况且还给我这么高的薪水，一定有阴谋，不能相信。"

就这样，他失去了两次非常好的机会。

机会就像只小鸟，如果你没有抓住，它就会消失得无影无踪。轻易相信别人的人，很容易上当，所以碰到的往往不是机会，很可能是陷阱。而多疑的人总是会和机会擦肩而过，错失掉很多很好的机会，因此这两种都是不可取的。

男孩们，机遇总是暗藏在生活中的每个角落里。如果你独具慧眼，那么你就会发现机会就在你的身边，因为它是无处不在的；但如果你是个粗心人，那么你就只能看见生活的表面。

遗憾的是，生活中大多数人都在无聊地过着重复的日子，很难发现蕴藏在身边的机会，而机会偏偏又是稍纵即逝的，如果你没有一双慧眼来识别机会并牢牢地抓住它，那么机会就会从你身边悄悄地溜走。

在人的一生中，机遇随处可见。如果能够抓住一次真正的机遇，那么你的人生就会与众不同，机遇能不能为你带来现实利益，关键在于你是否具有发现它的敏锐头脑、捕捉它的犀利目光、抓住它的过人胆魄和利用它的雄厚实力——这是一个循序渐进的过程。

只有经过漫长积累的过程，你才能真正有所发现并有所收获，最终辨别出机遇和陷阱的区别。因此将力量的重心放在积累能量、厚积薄发上，不失为明智之举。

成功箴言：在抓住机遇之前，要学会辨别机遇。

第七章

善用智慧
——智力就是竞争力

1. 尽量多动脑，少出力
—— 巧干+ 敢干+ 实干= 成功

西点军校有这样一则校训："正确的战略战术比优势兵力更重要。"思维决定一个人的选择，甚至是他的前途。在工作中，我们难免碰到很多困难，这些都不可怕，最可怕的是我们被困难吓傻了，不懂得寻找解决的方法。

男孩们，你们要明白，成功不相信眼泪。它需要我们多动脑筋，寻找解决问题的方法。俗话说"磨刀不误砍柴工"，一个好方法不但能够帮助我们解决各种困难，而且还能在紧急时刻助我们一臂之力。一个人要想取得伟大的成就，同样需要方法，而重点是在困难与成功面前，你要带着思考去工作。

英国著名军事战略家李德·哈特曾经对世界上最经典的 200 多个战例一一做了胜败分析。结果，他发现以正面攻击取胜的战例只有 5 个，而且这 5 个都不是从一开始就计划采取正面攻击的，而是在战斗的过程中，迫于无奈而改变战术。这一研究结果让人感到十分惊讶。因为在大多数人的印象中，只有正面攻击才是制胜的唯一手段。这一研究结果也对西点的某些传统教学理论产生了深远的影响。

在西点，鲁莽行事被视为一种极其愚蠢的表现，西点人非常重视勇气和决心，但更重视方法的运用。西点人认为一场不讲究方法的攻击必定导致失败，只有勤于思考的人才能带领人们走向胜利。

这个世界上不存在绝对的困难与失败，有时候我们需要的只是调整一下思绪和想法，转变一下视角而已。

1944 年的夏天，在诺曼底战役将要打响的前几天，美国 101 空降师多次进行了夜间空降训练。可是，空降兵们在漆黑一片的夜晚难免会降落到"敌人"后方，可此时他们不能打手电或是发出任何声响，相互之间不能迅速地取得联络，部队的战斗力因而受到很大的影响。这个问题如果得不到妥善的处理，就会给整个战役带来难以想象的后果。美国国防部为此多次召开会议，但总是拿不出一个有效的方案。

一天，一位国防部官员去幼儿园接孩子，他看见很多孩子的手里都拿着一个玩具蟋蟀，用手一捏，便会发出和蟋蟀一样的叫声，难分真伪。这位官员顿时得到了启发。不久，正在英国蓄势待发的 101 空降师收到了一包从美国寄来的邮件。师部的官兵们把包裹打开一看，都面面相觑。有人怀疑美国的邮局是不是弄错了，怎么寄来这么多玩具蟋蟀？

泰勒师长拿起一个蟋蟀捏了一下，它立刻发出真蟋蟀一样的叫声。大家顿时醒悟过来，都兴高采烈地捏了起来。最终，他们凭借着蟋蟀的叫声解决了联络的问题，使得战役大获全胜。

对于勤于思考的人来说，再大的困难也会变得微乎其微。西点人相信，这个世界上没有什么克服不了的困难，只有懒于思考的头脑。

著名教育家陶行知曾经写过这样的打油诗："我有几位好朋友，曾把万事指导我。你若想问其姓名，名字不同都姓何：何事、何故、何人、何时、何地、何如，好像弟弟与哥哥，还有一个西洋派，姓名颠倒叫几何。若向八贤常请教，虽是笨人不会错。"这就是在告诉我们，要明白"方法也是一种能力"这一理念，明白实干加敢干加巧干才能产生最佳效果。在生活中，我们总会遇到大大小小的问题，但只要我们勤于思考，多动脑筋，就能变难为易、化繁为简，找到解决的方法。

亨利·约翰出生于一个农民家庭。他 8 岁的时候就带领着弟弟妹妹在父亲砖厂的一小块空地上开垦出一个小菜园，种一些西红柿、黄瓜、土豆等蔬菜。每到收获季节，他们就提着菜篮子向周围的邻居和砖厂的工人兜售自己种的蔬菜。弟弟妹妹们刚开始都觉得很有趣，可是时间一长就厌倦了，只有约翰始终对此乐此不疲。

10 岁时，他就自己推着载满蔬菜的独轮车沿街叫卖，16 岁时便成为一个小老板，下面有几个小伙计替他种菜和卖菜。这种最初级的经营模式使约翰对商业产生了浓厚的兴趣。他的父亲也很支持他，于是主动把他送进了达夫商业学校去进修。

约翰毕业后，父亲要他去砖厂当会计，可是他却对蔬菜更有兴趣。他认为现在人们的饮食非常单一，需要改善。因为他发现采摘完的蔬菜不及时卖掉就会腐烂，而在不产蔬菜的季节，人们往往因为蔬菜的稀缺而变得营养不良。1869 年，刚满 25 岁的约翰毅然离开砖厂，与 L. C. 诺贝尔合作共同创办了约翰·诺贝尔公司。他们把约翰种植的辣椒加工成瓶装产品销售，这样不但可以给蔬菜保鲜，而且可以在任何季节食用。后来，他们又添加了酱菜和泡菜品种来销售。

然而天有不测风云，1873 年美国发生了金融危机，他们的小公司由于得不到贷款而难以继续维持，随即倒闭。在这短短 4 年的经营中，约翰看到了食品市场的巨大潜力，于是他决定东山再起。

两年后，约翰又与弟弟合资开办了 F. J 约翰公司，继续从事调味品和酱菜类的食品加工业务。

约翰发现美国人的饮食太单调，人们渴望改变这种现状。他抓住人们这种想过高质量生活的心理，决定制作出口味更多、品种更齐全的食品来迎合不同口味人的需求。他策划出一个"57 变"的广告营销。"57 变"指的是：一年 52 周可以为顾客提供不同种类的食品，加上圣诞节、感恩节、新年、独立日和复活节 5 个不同种类的节日食品，顾客在一年中就可以享用 57 种佐餐食品。"57 变"的饮食创意给顾客留下了深刻的印象，他们一旦想换换口味就自然而然地想到了 F. J 约翰公司生产的多种类食品。

后来，F. J 约翰公司生产的产品种类不断增加，在 1893 年的芝加哥世界博览会的食品商中，F. J 约翰公司的展台是最大的，展品种类超过百余种。到了 1900 年，F. J 约翰公司生产的产品种类已经超过 200 种，快速挤进美国大公司行列。但 F. J 约翰公司仍以"57 变"为广告词，因为它已经深入人心，他还在纽约最繁华的第五大道和第二十三大街树起了两块巨型广告牌。一入夜，这两块广告牌被聚光灯映照得格外耀眼，成为纽约街头的一大亮点。商界人士都把约翰称为"广告奇才"。

随着产品种类的不断增多，公司业绩也在不断攀升，到了1919年，公司员工已接近7 000人，有30家分厂及10多万英亩①的蔬菜基地。

F. J约翰公司是一家传统企业，生产的是人们餐桌上每天都离不开的食品，这是很多人都能做到的非常普通的事情。可是，约翰没有像其他人一样，在平凡的事情上平凡地工作着，而是带着创新的思维去工作。面对竞争激烈的蔬菜市场和佐餐食品，他没有墨守成规，而是开动脑筋，大胆改良，策划出了著名的"57变"，从而取得了巨大的成功。

事实证明，勤于思考，开动脑筋，勇于创新，不但能够改变我们的三餐生活，而且能够改变整个世界。在日常生活中，我们也应该多动脑筋，少出蛮力，多问自己几个为什么，把思考带到学习和工作中，探索新的好的方法，这将会使你在学习和事业上更加轻松地取得成功。

成功箴言：勤于思考有助于我们找到解决问题的方法。

---

① 1英亩＝4 046. 86平方米。

2. 学会控制自己的情绪
—— 理智是罗盘，情感是大风

1971 年在西点毕业的汤玛斯·梅兹中将说过："如果任凭感情支配自己的行动，那么自己就会成为感情的奴隶。一个人，没有比被自己的感情所奴役更不自由的了。"

控制自我的情绪是一种重要的能力，更是一种非常可贵的艺术。一个不懂得自我控制的人，只会任其情绪肆意发展，使自己犹如一头失去控制的野兽，一旦不小心闯出去，就会伤人伤己。

传说有一个"仇恨袋"，如果有人对它施力，它就会胀得很大，最终堵死我们生存的空间。因此，即便我们遇到让人非常气愤的事情，也没有必要怒火中烧，因为这样也于事无补。

男孩们，你们要知道，良好的自控力是一种能力的体现，成功者必定拥有良好的自控能力。当然，这并不等于成功者就不发泄情绪或是不发脾气，因为对自己过度压抑反而会适得其反。其实，所谓良好的自控能力，就是不要凡事都让情绪左右，而是要适度地控制。

良好的自控能力是成大事的前提。一个人只有用理性来平衡自己的情绪，接受理性的引导，谋定而后动，管住自己的言行举止，然后才能引导所有积聚的力量成功地注入海洋。反之，如果一个人缺乏自控能力，总是随着自己的情绪行事，口无遮拦，行无规矩，为所欲为，没有规划和目标，其结果只有两种：要么他所做的努力犹如脱缰的野马，根本无法控制，当然也就到达不了既定目标；要么他的行为与环境大相径庭，最终也无法到达成功的彼岸。

有一个大学生在一所名牌大学毕业后很顺利地找到一家很不错的公司。但是他参加工作以后，工作态度很浮躁，而且做事也不认真，对于学历比他低的人总是投去不屑的目光，这让其他员工都无法忍受。可他自己却满不在乎，因为他觉得自己是名牌大学毕业的，那么自己的身份就是特殊的，就应该高人一等。

公司老总知道他的行为以后，就把他叫到办公室和他谈话，并给他讲一些为人处世的道理。但是他很不服气，再加上老总说话的口气比较严厉，他一冲动，就和老总争论起来，甚至发展到后来的大声争吵，而且还把自己毕业于名牌大学的事一直挂在嘴边。老总安抚完自己的情绪后，平静地对他说："既然你有这么高的学历，留在本公司是大材小用了，那就请你另谋高就吧。"

这个年轻人就是因为自制能力差才走出了错误的一步，如果他能够稍微控制一下自己的情绪和言行，就不会有这样的结果了。他为自己的行为付出了不小的代价，也为今后的职场生涯制造了许多障碍。

有效地对情绪加以控制能使你的人生之路变得平坦，甚至还能为你开辟出许多新道路。而如果你没有自控能力，就会缺乏忍耐精神，既不能管理自己，又不能驾驭别人。

德国军队在1939年占领了波兰首都华沙，此时，卡亚和他的未婚妻正在紧张地筹备婚礼。卡亚没想到，他和其他犹太人一样，在光天化日之下被纳粹分子拖上卡车运走，被关进集中营。在纳粹党的摧残和折磨下，卡亚陷入了极度恐惧和悲伤中，精神上遭受着痛苦的煎熬。

被关押在一间屋子里的犹太老人对卡亚说："孩子，你只要活着，就能和你心爱的人团聚。一定要活下去。"卡亚听完犹太老人的话，下定决心，要用积极的态度去迎接以后艰难的日子。被关在集中营的所有犹太人，每天都受着饥饿和严刑的双重折磨，很多人都已经精神失常，有的甚至被折磨致死。卡亚努力地调整着自己的情绪，虽然他很瘦弱，但是精神状态很好。

5年后，集中营里的犹太人由原来的5 000人减少到不足500人。纳粹党把剩下的犹太人用一根脚镣连起来，在冰天雪地的严冬季节，把他们赶往另一个集中营。很多人忍受不了这种长期的、暗无天日的苦役和饥饿，都死在了茫茫雪地里。卡亚凭着自己坚忍的意志力，在这人间炼狱中奇迹般地活了下来。

盟军在 1945 年攻克了集中营，解救了那些饱经苦难的犹太人。卡亚终于活着离开了那个可怕的集中营，而那位给他劝告的老人，却没有熬过来。几年之后，卡亚把他在集中营的亲身经历写进了一本书，他在前言里是这么写的："如果没有那位老人的好心劝告，如果任凭恐惧、悲伤、绝望的情绪在心间蔓延，很难想象我的结局会怎样。"

卡亚是自己救了自己，他是用积极向上的心态救了自己。有很多人时时刻刻都在抱怨命运的不公，自己付出了辛勤的劳动，得到的却是失败和痛苦，这些人往往一生都在碌碌无为，直到生命的最后也一事无成。究其原因，是因为他们不会调节自己的情绪，任凭情感的闸门打开而一发不可收拾。

每个男孩都会有冲动的时候，尽管这种情绪很难控制，但是，你也要将它牢牢地控制住，否则一点细微的疏忽，就可能后患无穷。

我们在生活的海洋里掌舵行驶，理智是罗盘，情感是大风。如果控制不好自己的感情，就可以失去很多成功的机会。当鲁滨逊漂流到孤岛上以后，如果换作别人肯定是痛不欲生，甚至有可能会自生自灭。可是他却用自己顽强的毅力和理智给现实的优劣状况做了分析判断，并坚强地活了下来，从而使他以后的生活变得更加丰富多彩。如果他也像其他人一样，让情感支配一切，那么结果就可想而知了。

有一头驴和一头牛是非常要好的朋友，它们经常在一起玩耍、吃东西。一天，它们看见一个果园里有一大片嫩绿嫩绿的青草，还有好多果树。于是它们偷偷地溜进果园，悠闲地大快朵颐起来，农夫却丝毫没有察觉。

驴子吃得很高兴，便想放声歌唱，这时，牛对驴说："亲爱的朋友，你要是唱歌会被农夫听见的，那样我们就跑不出去了。你忍耐一下，等我们出去你再唱吧。"

可是驴子并没有理会牛的劝告，并开始引吭高歌起来。农夫听见歌声，很快就发现了它们，然后把它们都抓了起来。

驴子的一时冲动害人又害己，它想用歌声表达自己兴奋的心情是可以理解的，但是，为了一时的痛快而不顾情境，最终酿成悲剧，那就太得不偿失了。

男孩们，你们在做事之前一定要三思而后行。如果单凭自己的情感而意气用事，必将造成不可想象的后果。当你对自己的判断没有把握时，宁可耐着性子多多考虑斟酌一番，也不要感情用事。要知道，情感的困扰是我们犯错的根源，而理智才是我们生命中的光和灯。

成功箴言：遇到问题要控制好自己的情感，保持冷静，理智面对。

3. 获胜的把握来自于奇特的招法
—— 要有丰富的想象力

法国资产阶级政治家拿破仑曾经说过："想象力可以统治整个世界。"想象力是人类特有的天赋，也是人类进步的动力源泉。如果这种天赋被破坏，那么人类社会将滞留不前。对个人来说也是一样的，一个人能否取得事业上的辉煌成就，其关键往往在于他能否建设性地善加利用想象力。

西点军校的法则中提到："获胜的把握来自于奇特的招法。"在竞争激烈的现代社会中，竞争的招数数不胜数，然而，有足够的想象力，有独特的想法，就会有与众不同的收获。

美国有位女士叫米曼，她发现自己穿的长筒丝袜在逛街或是上班的时候老是往下掉，这是件非常尴尬的事情，有时候偷偷地拉起来让别人看见也是不雅的。

她想其他女士应该也会有同样的困扰，于是她脑筋一转，开了一间袜子店，专门售卖不易滑落的各种袜子。这个店面虽然不大，但是生意很好。目前，米曼的店铺已经遍布英、法、美三国，而且多达100家不止。

我们身边的很多女士肯定都碰到过袜子往下掉的情况，但是能想到开这么一家袜子店的却寥寥无几。由此可见，在生活中做个善于观察的有心人，将会受益匪浅。

灵感来自于丰富的想象，它会带给人们启发，使人们能够创造新意念、新发明。医疗听诊器的发明就是一个激活瞬间灵感的成功案例。

在200多年前，法国医生拉埃奈克一直希望有一种可以用来检查病人胸腔是否健康的器具。有一天，他和女儿在公园里玩跷跷板，无意间发现，女儿在跷跷板的一边敲击，他把耳朵贴在另一边可以清楚地听见敲击声。

拉埃奈克顿时得到了启发，回家用木料做成一个形似喇叭的听筒，把大的一端贴在病人的胸部，小的一端塞到自己的耳朵里，居然能够清楚地听见病人胸腔里发出的声音——世界上第一部听诊器就这样诞生了。

所谓天才，就是在面对别人也能遇到的启发时，他们能迸发出灵感的火花，而别人却依然很迷茫。这是因为他们善于思考、热爱想象的个性使然。因为好奇心的驱使，他们可以发挥其非凡的创造性的想象力，激活瞬间的灵感。

大多数人都认为只有诗人、发明家和科学家这样的人才具有"创造性的想象力"。其实，我们在做每件事时的想象力都是创造性的，而且都能够被加以利用。

日本跨国公司"松下电器"的创始人松下幸之助在创业初期，就是因为激活了一个偶然产生的灵感而摆脱窘境的。

松下是由生产电插头发迹的，由于插头的功能和质量都不是很好，所以产品销路受到了很大的影响。没过多久，松下幸之助就陷入了三餐难继的窘境。

一天，他一个人身心疲惫地走在路上，路旁屋里一对姐弟的对话引起了他的注意。姐姐在熨衣服，可是弟弟要看书，又没办法开灯。（那时候只有一个插头，熨衣服了就无法开灯。）

弟弟吵着说："姐姐，你快点好不好啊，我都没法看书了。"

姐姐哄着弟弟说："好了，好了，马上就熨好了。"

"老是说快好了，都半个多小时过去了，你还让不让我看书了。"弟弟不高兴地说。

就这样，他们为了争着用那个插头，一直争吵不休。

此时，松下幸之助想："只有一个插头，熨衣服了就看不了书，反之，就熨不了衣服，这样真是不方便。难道就没有两全其美的办法吗?"他回家后认真研究这个问题，不多时日，就设计出了两用构造的插头。

试用品一经问世，就销售一空，订货的人与日俱增，简直是供不应求。他只好招聘更多的工人，而且还扩建了工厂。从此以后，松下幸之助的事业步入正轨，利润也是年年翻番儿。

其实，每个人都富有创造性的想象力，只是大多数人对日复一日的生活中所面临的无数问题感到厌烦，怯于面对，懒于思考。但恰恰是这些问题，给了我们激发灵感的大好机会。如果善于把握这些机会，积极地思考并努力解决，那么，就会在无形中锻炼出自己创造性的想象力。所以在解决问题时请切记：问题越大，隐藏的机会就越多。

如今，盲目从众是无法立足于社会的。在积极发挥想象力的同时，要找出自己的与众不同之处。因为，认识自己的独特性已经同每个人的生存质量息息相关。在这个竞争如此激烈的年代，人与人之间的竞争，不仅是才能上的竞争，更是个性上的竞争。一个人如果不清楚自己有什么独特之处，不了解自己有哪些潜在的优势，就很难在择优的情况下显出实力，自然也就很难取得成功。

男孩们，你们不必按部就班地从小学攻到博士，也不必管自己是否具备这样的实力。虽然这是大多数青少年所羡慕的成功之路，但是，这并不是成功的唯一道路，所以，没有必要要求自己非走这条独木桥不可。

你要认识到：在当今社会，凭着创意闯出康庄大道，远比采用这样那样的学习方式更重要。只要学会了用创意求知和求生存，无论是"墨守成规"的求学，还是自己创业，都显得不是那么重要了。就像比尔·盖茨那样，凭着创意闯荡人生，就能够达到属于自己的光辉境界。

在当今社会，一个人在完成义务教育的前提下，以灵活多样的方式继续求知，已经变成一种不可代替的生活方式。因此，培养独树一帜的个性，把充分地挖掘创意人生视为第一要义，都将不失为上策。只要你的生活充满了创意、想象力这些奇特的招法，你就会根深蒂固地在社会扎下根，最终赢得生存的主动权。

成功箴言：创造性的想象力使你在社会中独树一帜。

4. 许多的"不可能"只是常规理论下的结论
—— 敢于异想天开

西点毕业生、Compass 集团总裁约翰·克里斯劳说过这样的话："规则和纪律一定要遵守，但这绝不应该成为你循规蹈矩的借口。"这句话的潜台词，就是在鼓励我们要敢于异想天开。

"异想天开"给生活增添了一份特殊的色彩，这是每个男孩都应具备的。

"陛下，请给我一条纵帆船，让我去出海作战吧，我一定要打得英国佬魂飞魄散。"这是 1916 年德国的少校卢克纳尔对威廉二世说的话。

这句话让在场的所有人都震惊了。

如果是在中世纪，这种敢于挑战英国军官的行为虽然有些莽撞，但至少会获得勇敢刚毅的美誉。但现在是 20 世纪，此时的帆船早已成为古董，已经不可能当作战船来使用。

卢克纳尔从小就是富有叛逆精神的孩子，他胆大心细，善于别出心裁，想别人想不到，做别人不敢做的事情。

出人意料的是，威廉二世采纳了这位少校的"疯话"。

卢克纳尔给威廉二世解释道："我们海军的军官都觉得我疯了，既然我们自己人都认为我们的计划是无稽之谈，那么英国人肯定想不到我们会这样做。那么，我认为我可以成功地用古老的帆船给他们一个惨痛的教训。"

卢克纳尔历尽艰辛才找到一条被废弃的老帆船，取名"海鹰号"。在他亲自设计和监督下，这条船被改造成功了。

　　在圣诞节的前一天，"海鹰号"出发了，它顺利地穿越了英国的海上封锁线，抵达冰岛水域，大西洋航线已经胜利在望。

　　就在这千钧一发之际，大不列颠的"复仇号"迎面而来。"海鹰号"这只小帆船和英国那大型军舰显然不是一个档次的，硬碰硬肯定不是对手。卢克纳尔眼睛一转，主动迎上去让他们检查，大不列颠的检查员一看是条小帆船，根本没检查就让过去了。

　　到达英国海域后，在卢克纳尔的指挥下，"海鹰号"全面发起进攻，把英国的船只消灭得一干二净，取得了巨大的胜利。

　　卢克纳尔这种在别人眼中不切实际的想法让敌人处于没有防备的状态，"海鹰号"才易如反掌地攻入敌人心脏，从而取得了战争的胜利，也给国家带来了巨大的荣誉。对卢克纳尔来说，这种不切实际的想法可以打对手一个措手不及，是一种以充分了解对手情况为前提的"不切实际"，而并不是瞎想。

　　在战场上需要卢克纳尔的这种敢想的胆识，对竞争激烈的商场而言，更需要具备这种"异想天开"的品质。现任吉利集团的董事长、吉利的创始人李书福的发迹史，就很好地阐明了这一点，他的异想天开使中国第一辆豪华型踏板摩托车诞生了。

　　李书福在1993年去一家大型车企参观考察的时候，看见摩托车行业产销两旺的大好势头，便向该企业老总提出要给他们做车轮钢圈配件的要求。

　　对方一听，轻蔑地说道："这种高技术含量的配件哪是你们民营厂能做得了的，你还是该干什么干什么吧！"

　　李书福偏不信这个邪，回到公司就宣布要自己制造摩托车整车。结果，遭到了所有人的反对，就连他的亲哥哥都对他的想法嗤之以鼻，觉得他是在好高骛远、自不量力。

　　面对众人的反对和讥讽，李书福并没有放弃自己的想法。终于，皇天不负有心人。李书福仅用了半年多的时间就研发出了摩托车覆盖件模具，并研究制造出了四冲程踏板式发动机。接着，他又与行业的龙头老大嘉陵强强联手，生产出"嘉吉"牌摩托车。不到一年的时间，李书福又研发出中国第一辆豪华型踏板摩托车，很快就取代了日本和台湾地区的同类型摩托车。

这种新型摩托车不仅在国内有着很好的销量，而且还出口到全世界32个国家和地区。1999年，吉利摩托车产销42万辆，实现1亿元的产值，吉利集团也由此获得了"踏板摩托车王国"的美名。

李书福这种敢想敢干的创业思路给他带来了巨大的成功，并从市场上得到了丰厚的回报。有人说，如果没有像李书福这样的中国"汽车人"，那么中国的普通家庭想要开上汽车，可能就要推迟十多年，可见他的成就之大。

李书福之所以能成为中国汽车领域领军人，就是他的突发奇想起到了关键性的作用。有了他的这种超乎寻常的"老粗式"的想法，才创造了世界上第一辆踏板式摩托车，开启了摩托车行业的先河。

奇思妙想，往往会一鸣惊人，创造出出人意料的成就。其实，世界给每个人都提供了机会，只是有很多人不敢想、不敢做而已。

很多男孩认为能否得到机会关键是看运气的好坏。固然，运气的基本要素是偶然的，但他对任何一个男孩都是公平的。只有你敢想敢做，突破常规理论的约束，才能抓住机会，成就一番事业。

成功箴言：只要敢想敢做，就没有什么"不可能"。

5. 确信无法突破时，首先要选择的是等待
—— 等待也是一种智慧

美国第十六任总统林肯曾经说过："确信无法突破的时候，首先要选择的是等待。"俗话说："心急吃不了热豆腐。"西方也有这样一句谚语："不要急着拿起刚打好的宝剑。"由此可见，东西方的文化虽然存在着差异，但是"适时地等待"这一真理却是彼此都认同的。

要想在人生路上走得更踏实，就要学会等待。因为生活中的晴雨表是不定的，在倾盆大雨、电闪雷鸣时贸然前行是不理智的选择，只有在雨后天晴时行进，脚步才会轻松自若；在伸手不见五指的暗夜里前行很容易迷失方向，等待日出的人才会享受美好的明天。

大自然是人类的母亲，它教给我们很多智慧和技能，比如草，"野火烧不尽"，它并不急于出头，"春风吹又生"，而是静等春天的到来。再比如狮子，捕捉猎物时总是在一旁静静地守候，待时机成熟，看准目标，便果断出击，一招击中。等待不是无可奈何的结果，而是在蓄势待发。

量子力学之父普朗克提出的量子力学假说因与牛顿经典力学背道而驰而广遭非议，然而他并没有为此举白旗投降，而是敛声屏气，等待着时机的到来。后来，在爱因斯坦揭竿而起的时候，普朗克知道自己的时机成熟了，便再次大力传播自己的学说，最终量子力学和相对论给当今的物理学奠定了坚实的基础，更为现代电子行业打下了不可磨灭的根基。

时间证明了普朗克的等待是值得的，因为它产生了价值。

然而在现代社会中，到处都蔓延着一种流行病，那就是浮躁。很多人

总想"一夜成名"或是"一夜暴富",他们就是明朝文学家吕坤口中的"攘臂极力"之人,做不了踏踏实实长期努力的"等待",总是想靠着侥幸而获得成功。比如他们想赚钱,不是从小生意做起,逐渐地积累资金和经验,等待时机成熟,再把生意做大做强,而是如赌徒一般,总乐于做一些投机倒把的行为,结果往往以惨败收场。

西点人认为,人要学会坚持,也要适时放弃;要学会寻找,更要懂得等待。

秋天到来时,有两颗种子同时落下。一颗急不可待地发芽了,另一颗则在静静地等待。冬天,寒风刺骨,暴雪肆虐,有生命的万物都奄奄一息,大地陷入了冬眠状态。而后,吹来的春风使大地苏醒,等待的那颗种子在春雨和阳光的沐浴下生根、发芽。它发现,那颗提前发芽的伙伴没有等到春天的来临。

两只刚刚来到这个世界没多久的雏鹰,羽毛还未丰满,它们看到了父母在空中的英姿。一只急不可待地扇动着纤弱的翅膀,从巢中跳出;而另一只则继续接受父母的喂养,并练习着如何扇动翅膀,等待着羽翼丰满的那一天。当羽翼丰满的小鹰在天空中展翅翱翔时,它发现,心急的小伙伴已经死亡。

等待不是胆小,而是在做准备;亦不是懦弱,而是一种智慧。如果没有充分的准备就匆忙出发,那么结果肯定不会成功。我们需要储备知识,积累经验,把握机会,等待一切准备就绪再出发,那么成功就离我们不远了。

男孩们,你们做任何事情,只要有恒心和毅力,坚持不懈地努力,就一定能够成功。当"智慧"已经失败,"天才"无计可施,"机智"与"技巧"说办不到,其他各种能力都无能为力时,"等待"就是你的最佳选择。因为"等待"而有所成就是神奇的,往往"等待"时机成熟后,你会做成许多原本已经绝望的事情。

有时我们离拥有金子的生活只有一步之遥,而需要我们做的就是要有足够的耐心坚持走到最后一步。

一天，德拉蒙德教授去一个展览会参观，他看到了一座很出名的金矿玻璃模型。这座金矿原来的主人在他认为可能含有金矿的地层里挖出一条1英里①长的隧道。用了一年半的时间，花了100多万美元，还是没能发现黄金。

他最终心灰意冷，把金矿卖给了别家公司。而那家公司只是接着原来停止的地方多挖了一码远，就发现了金矿砂。

到20世纪初为止，在所有发明中，蒸汽机的发明给人类命运带来了最深远的影响。它的发明者，就是"蒸汽机之父"瓦特。其实，早在公元1世纪，蒸汽锅就被研制出来了，它是希腊人希罗发明的。这个设备虽然比较粗糙，但是已经蕴涵了蒸汽机的基本原理。如果希罗能够沿着这个思路，再坚持一下，再改进一点，再有点耐心，也许人类机械发明的历史会提前2 000年。

在学业和事业上更是如此。很多男孩渴求功成名就，却不愿为之付出努力；期望长命百岁，却不理解生命的意义所在。其实，人的生命是由许许多多个"现在"积累起来的，人只有珍惜现在，坚持不懈地奋斗，才能使生命大放异彩。遇事半途而废，必定庸庸碌碌，终将一事无成。

无数成功者的事例告诉我们：适时的等待对成功是如此重要。如果你天生没有持之以恒这种耐力，那么你就要后天培养它。有了这种个性，你才能战胜困难，克服消极情绪，获得成功。

人生之路不会顺风顺水，当我们面对困难、抉择，找不到出口时，不妨让自己暂时停下来，调整一下自己的心态，积蓄能量，等待更合适、更成熟的时机。也许，转机就在不知不觉间到来。

成功箴言：在面临困难无法突破时，积累能量、厚积薄发，不失为一种良策。

---

① 1英里＝1.609 344千米。

6. 不要让固有的经验束缚你的思维
—— 要善于变通，突破常规

西点教官本杰明·斯蒂克说过："敢于突破既有经验，往往会使你绝处逢生。"

在人生漫长的旅途中，充满了无数的未知，只用一套生存哲学，就想轻松穿越人生所有的关卡，这是不可能的。要想轻易跨过人生中的障碍，实现某种程度上的突破，迈进未来更美好的领域，就需要学会打破常规，勇于变通。

人类心理活动的普遍规律是：长期习惯于按"一成不变的规则"考虑问题，懒于进行创新思考。而创新是人类社会进步的客观要求，这需要付出相当大的努力，摆脱并突破一种思维模式的束缚。

对于只知道墨守成规的人来说，这个充满竞争的社会到处都是无法逾越的鸿沟，处处都是难以突破的阻力。这种人做什么事情都只会做"规定动作"，而不能突破自我，超越他人，自然很难在激烈的角逐中夺魁。而对于善于变通、勤于思考的人来说，到处都充满了机会。可见，只有善于借鉴、巧妙变通的人才是有创造力的人，才能在这个世界上有更大的立足之地。

在历届西点军校的课堂上，都会讲到这样一个故事：

有一个叫卡纳奇的青年，相貌平平而且身材矮小。有一天早上上班的时候，他发现一辆被毁的车身挡住了铁路线，使得该区段的交通运输陷入了瘫痪状态。而更糟的是，卡纳奇的上司，也就是该段段长司哥特又恰巧不在现场。

卡纳奇当时还是一个送信的邮差，他面对这件事该怎么办呢？或者立即找来司哥特，让他来处理；或者是坐在办公室做自己分内的工作。这样既能够保全自己的职位，又不至于冒任何风险。因为只有段长才能下令调动车辆，如果是别人干了，就有可能会受到处分或是撤职。但是此时的情况已经迫在眉睫，货车已经全部处于停滞状态，导致载客的特快列车也延误了开出的时间，乘客们都很着急。

经过一番激烈的思想斗争，卡纳奇顾不了那么多了，他果断地处理了调车领导的电报，并在电文下面签上了司哥特段长的名字。当司哥特赶到现场时，所有的客货车辆均已畅通，铁路运输都在有条不紊地进行着。他首先是一脸惊讶的表情，之后一句话也没说。

事后，卡纳奇从同事口中得知段长司哥特对于这一意外事件的处理十分满意，他非常欣赏卡纳奇在关键时刻能突破以往规定，妥善地把事情处理好。

对其貌不扬的卡纳奇来说，这件事情是他人生的转折点，从此，他被升职为段长。

由此可见，一个人之所以能够在茫茫人海中脱颖而出，一半归功于他的努力和智慧，一半则在于恰到好处地打破常规。如果你在某种偶然或是必然的场合，像卡纳奇一样，采取了某种方法或手段，突显出自己的思想、能力或才干，那么你就会鹤立鸡群，引起别人的注意。

男孩们，你们需要开创性地解决问题，因为固有的思维模式往往会成为一种障碍和束缚，把你的思维固定在某种模式中，使你打不开思路，不能形成创造性的新观点、新意识。

一位教授应邀观摩一场炮兵打靶演戏。在演习中，他发现一个炮兵始终站立在炮车的旁边，没有做任何别的动作，教授感到很奇怪。演习结束后，他问将军那个炮兵在演习的过程中为什么一动不动。将军回答说军事教材就是这么写的，也说不出别的来。

这位教授后来查阅了一些相关的历史资料才明白，原来以前的大炮是用马来拉的，所以必须安排一个士兵站在炮车旁边，以防作战时马受惊后好牵住缰绳，不让马乱跑，这样炮位固定命中率才高。可是以前的马拉大炮早已被机动车牵引代替了，这个炮兵的编制却仍然留存，这就是没有必要的，而且还浪费了人力。

由此可见，沿袭传统的习惯使我们形成了一种定式思维。这是非常可怕的一件事。

在现实生活中，一些习惯和规则的存在，使遵守规则变成了一种生活习惯，而这种生活习惯会成为发明创新的思想障碍或是心理枷锁，它阻碍了人们突破常规思维，开创人生的新天地。

在一次远洋海轮不幸触礁的意外事件发生后，有9名船员拼死爬上一座孤岛才得以幸存下来。但是以后的情况更糟糕，这个小岛上没有任何可以用来充饥的东西。更恶劣的情况是，在烈日的肆虐下，每个人都渴得要命，水成为最珍贵的东西。

尽管周围都是海水，可是海水又涩又咸，根本没法喝啊。现在他们唯一的希望就是祈祷老天爷下点雨或是有别的过往船只能够快点发现他们。等了很长一段时间，烈日越来越强，根本没有下雨的迹象，也没有任何船只经过这个小岛，渐渐地，他们都撑不下去了。

其中的8个船员都相继干渴而死，只有最后一位船员为了求得一线生机，忍不住跳到海水里"咕咚咕咚"地喝了起来。可是他没有喝出海水的苦涩味，反而觉得海水非常甘甜。就这样，他靠喝海水活过了一个多星期，最终等来了救援的船只。

后来经过科学家的化验发现，由于地下泉水不断地向上翻涌，其实这里的海水就是甘甜可口的泉水。

我们通常会认为海水是不能饮用的，可是某些情况下，如果不突破这种认识，就可能丧失一次求生的机会。

因循守旧，不懂得变通，是无论如何都不值得提倡的。失败者就是因为墨守成规，不知变通，从而堵住了自己的光明大道。懂得变通的人，勇于挑战规则，敢于突破常规，做事灵活而又不违背原则，能符合时代的变迁和社会的发展趋势，因此，他们也往往可以赢得其他人无法取得的胜利。

一亿多年前，地球上到处都是各种各种的恐龙。后来，在很短的时间内，恐龙就灭绝了。迄今为止，科学家还不能确定地球上发生了什么变故，但唯一可以肯定的是，因为恐龙适应不了这种变故，所以才绝迹了。

能变通者才能生存。俗话说得好："物竞天择，适者生存。"不论是生物学家还是军事学家都不能否认，适应不了社会的人，都将被社会淘汰。人生如战场，如果一个人在战斗中倒下，则表明其生存的能力还不够。

男孩们，如果你们的大脑被习以为常、理所当然的观念所充斥，经验成了你评判事物的唯一标准，那么，随着知识和经验的不断积累，你会变得越来越墨守成规、循规蹈矩，渐渐丧失自己的创造力和想象力，从而与成功失之交臂。

当然，只要你肯超越自我，突破思维模式这一大障碍，学会打破思维定式，巧妙变通，成功就离你不远了。

成功箴言：只要学会变通，突破思维定式，你就可能发现新大陆。

第八章

拓展人脉
——得人脉者得天下

1. 没有"我"，只有"我们"
—— 这个世界不需要"蜘蛛侠"

西点军校教育学生不应该以"我"为中心，而凡事要考虑到"我们"，因此西点要求学员之间在很多事项上要互相通报。比如，新学员互相之间需要转告"每日一问"的内容，需要互相通知第二天的制服要求，还有彼此提醒各种活动的禁忌等。

西点军校就是要让学生们知道，从迈进学校大门开始，他们的思想中就不仅仅只有自己，而是一个团队、一个整体。许多西点名将都谈起过西点学生生活中"等待吹号"的趣事。

在西点，上课不能迟到，下课也要准时。一旦吹响了下课号，那么无论是什么课程，课程讲到什么程度都必须立即结束。

因此学生们在同学遇到难题时，就设计出了"等待吹号"的计谋。比如，某位同学被老师点名回答问题，这位同学又吞吞吐吐地回答不上来时，其他同学就会纷纷给予帮助。

帮助者会不断地向老师提出问题，试图岔开老师的思路，或是让问题一环套一环没完没了，总之一定要拖到"下课号"吹响，那位回答不上问题的同学就会逃过这一劫。

据说曾在西点毕业的艾森豪威尔将军能有如此好的人缘，和他经常这样帮助同学不无关系。

尽管这并不值得提倡，但是这种行为说明了西点学生的团队意识很强。从加入西点的那一刻开始，他们就不再只考虑自己，而是凡事想到"我们"。

曾有专家做过一份哈佛大学成功百分比的数据统计，在其获取成功所需的要素中，比例是这样的：

小事成功：专业技能占80%，人脉关系占10%，观念占10%；

大事成功：专业技能占20%，人脉关系占40%，观念占40%。

显而易见，小成功可以靠自己，但要想取得更大的成功需要团队的力量。唯有善用团队的力量，发挥众人的才智，才能成就大业，获取更大的成功。

据统计，在诺贝尔奖中，有2/3以上的奖项都是因协作而获得的。在诺贝尔奖设立后的前25年，获得团队合作奖项的占40%，而现在则跃居到80%以上。

俗话说"众人拾柴火焰高"，利用众人的力量来增强自己的实力，比起自给自足要高明得多。

男孩们，你们是否听过这样的比喻：日本人处事的方式如同"下围棋"，从全局出发，为了整体利益可以牺牲部分"棋子"；美国人的处世风格如同"斗地主"，需要和对方紧密合作，组成联盟，向另外一家进攻；而中国人的作风如同"打麻将"，孤军奋战，看上家，防下家，自己和不了，别人也别想和。

这种比喻虽然有失偏颇，但也从另一方面说明，很多中国人不善于与人合作，从而导致两败俱伤。

有一些人，明明具备一定的能力，但从不轻易将自己的思想或经验拿出来与人分享，就算别人来向自己请教，他也只是敷衍了事。重视"我"，忽略"我们"，重自我发展，轻团队合作，以自我为中心的"蜘蛛侠"心理是不可取的。

很多时候，很多人习惯于"非此即彼"的思维方式，而这也正是他们没能笑到最后的根源。天下之事本来就是在综合中求均衡，谁能始终在兼收并蓄中使双方甚至多方的利益保持均衡，谁就能最终获得成功。尤其在资源有限的情况下，一定要在短期与长期的利益之间找到最大利益的均衡点。

其实合作是一个互相帮助、资源共享、取长补短的过程，从"我"到"我们"最终达到共同发展、获取双赢的目的。相反，如果人人都只顾自身利益，缺乏团队协作意识，团队利益就会被淡化掉，整个队伍就会变成一片散沙，不堪一击。

爱尔兰杰出的剧作家萧伯纳说："你有一个苹果，我有一个苹果，我们交换一下，一人还是一个苹果；你有一个思想，我有一个思想，我们交换一下，一人就有两个思想。"

当一个人面临问题时，他所想到的解决方法终归是有限的。如果是一个团队，每个人都提出自己的观点和看法，那样看待问题的视野也拓宽了很多，问题的解决无疑会变得更加容易。

一天，小杰克在玩具沙箱里玩耍。在柔软的沙堆上挖隧道时，他发现沙箱中间有一块很大的石头。

小家伙开始挖石头周边的沙子，他手脚并用，很快，大半个石头露出来了。可是，杰克发现这个石头太大了，他根本搬不动。

又是推又是拉，杰克始终没有挪动石头一步。最后，杰克伤心地哭了起来。杰克的父亲在楼上把整个过程看得清清楚楚。于是，他来到杰克跟前说："杰克，你为什么不用上你能够用上的所有力量呢？"

小男孩委屈地抽泣道："爸爸，我已经用尽了全身所有的力量。"

"不对，"父亲纠正道，"你并没有将所能用的力量都用上，因为你没有请求我的帮助。"

说完，父亲弯下腰，把石头搬出了沙箱。

个人的力量始终是有限的，有些事情仅依靠个人力量是难以办到的。如果你懂得借助身边的资源，向别人寻求帮助，让有能力的人去分担他所能胜任的那部分，问题就迎刃而解了。

男孩们，如果你们在生活和学习中遇到了难以解决的问题，你们应该考虑一下是否能够寻求他人的帮助，而不要认为自己是个"男子汉"，要像"蜘蛛侠"那样独自承担一切困难，甚至是根本解决不了的难题，那就大错特错了。因为"蜘蛛侠"只是个漫画人物，是人们把它理想化了，这个世界不需要"蜘蛛侠"。

成功箴言：把"我"变成"我们"，才能马到成功。

2. 只有团队才是最完美的
—— 借助团队的力量实现成功

在西点军校体育馆的墙上，写着这样的口号：

今天，在友谊的运动场上，我们播下种子；

明天，在战场上，我们将收获胜利的果实。

西点军校组织了大量的集体活动来帮助同学之间建立友谊和树立团队精神。在西点军校第四十六期毕业生中发生过这样一个惊心动魄的故事：

西点军校第四十六期学员毕业的头一天晚上，他们按照校规执行离校前的最后一次水上巡逻任务。也许是因为学员们对这最后一次的巡逻任务都有些大意，他们驾驶的巡逻艇撞上了海面上的邮轮。

由于当时是深夜，所以游轮上的海员没有注意到发生的事情。当巡逻艇开始漏水时，学员们才意识到他们正面临着生死考验。

他们唯一的希望就是爬上高达4.3米的油轮甲板，但是巡逻艇上没有任何攀爬工具。最后他们想出了搭人梯的方法，由此攀爬成功而获救。

后来，西点军校知道这件事后也深受启发，在学校的训练场上垒起了4.3米的高墙。作为每批毕业学员的考核内容，以50人为单位在15分钟内全部爬过高墙，后来这面墙就被称为"毕业墙"。

现代社会中需要英雄，更需要团队的力量。一个人再有智慧，再有能力，对于迅速膨胀的信息和不断更新的知识也无法做到全面掌握。你表现得再怎么出色，也难以创造出一个团队所能产生的价值。只要能够助团队一臂之力，个人的荣耀也会水到渠成。

男孩们，你们知道一滴水怎样才能永不干涸吗？

正确答案是："把它融入大海中。"

这个小问题带给我们的启发是：再完美的个人，也只不过是一滴水，一滴水的力量能有多强大呢？它终将会消失于无形；一个优秀的团队犹如一条江河，甚至是大海，将每一滴水放进去，就不用担心它们会干涸。

在一个团队中，如果没有其他人的协助，任何人都不可能取得长久性的成就。当两个或两个以上的人联合在一起，建立起团结与谅解的精神，这个团队里每个人的力量与成就都会因此倍增。

2004 年 8 月 11 日，意大利排球协会技术专家卡尔罗·里西先生看完中国女排的训练后认为，在奥运会上，中国女排是否能够取得成功，在很大程度上取决于赵蕊蕊。但是，奥运会开始后，中国女排第一主力，身高接近 2 米的赵蕊蕊却因腿伤复发，无法上场参加比赛。

媒体惊呼：中国女排的网上"长城"坍塌了。恰好，当时中国女排在小组比赛中输给了古巴队，很多人便对中国女排不抱太大希望了。

然而，在最终与俄罗斯夺冠的决赛中，身高仅 1.82 米的张越红一记重扣越过 2.02 米的加莫娃的头顶，宣告这场历时 2 小时 18 分、出现过 50 次平局的惊心动魄的比赛结束。

经过 20 年的等待之后，中国女排再次夺得奥运金牌。观众们欢呼着、呐喊着，就像看到 20 年前郎平、张蓉芳等老一辈中国女排夺冠时一样激动。

在女排夺冠后，教练陈忠和曾放声大哭过两次，可见这个团队背后经历了多少艰辛！

那么中国女排这次凭什么反败为胜，最终战胜俄罗斯队呢？陈忠和赛后是这样说的："要凭实力，我们确实比不过他们，但是我们最终凭借着团队精神和拼搏精神赢得了这场比赛。我们这次反败为胜的原因只有两个字——忘我。"

每年秋天到来时，大雁都会成群结队飞去南方过冬，第二年开春再飞回原地。在长达万里的行程中，它们要躲闪猎人的枪口，历经狂风骤雨，电闪雷鸣以及寒流与缺水的种种威胁。但每一年，它们都成功往返。它们是如何做到的呢？

飞往南方时，大雁们都整齐地排成人字形。

它们为什么要选择这样的飞行方式呢？经过有关专家长期研究得出这样的结论：当雁群一字排成"V"字形时，要比一只大雁单飞提升了70%的飞行能量。当一只大雁在飞行过程中拍打翅膀时，制造出的气流会使后面的大雁飞行得更容易一些。

而当领头的大雁疲倦时，它就会退到人字形队伍的最后方，让下面的大雁占据领头的位置。后面的大雁都会发出"嘎嘎"的叫声，为领头的大雁加油鼓劲。

如果某只大雁不小心掉队了，它马上就会感到独自飞行的力不从心，所以就会很快找到自己的队伍并重新归队。

当一只大雁因生病或受伤而跟不上队伍时，那么总会有两只大雁陪同它一起降落到地面，协助并保护它，直到它身体康复，它们再组成自己小型的"V"字形，追赶上以前的团队，或是加入新的雁群。

孤雁难成行。对于大雁而言，相互协作已经不仅仅是一种精神，更是一种生存技巧。如果某只大雁企图离开队伍而单飞，或许没飞出多远便因强大的阻力而无法前行，甚至中途丧命。所以说，雁群因融入团队而得以生存，因脱离团队而困难重重。

团队的合作力量是战无不胜的坚强后盾，所以群蚁可以击败巨蟒，群狼可以天下无敌。只有融入团队中，一个人才能发挥出最大的能量，靠着团队的强大能量，单个的努力才不会变成杯水车薪。所以我们在夺取成功的道路上，一定要学会与人合作。

在这个世界上，没有一个人是完美的，但是不完美的人组成一个强大的团队，那么这个团队就是完美的，就是攻无不克战无不胜的。

成功箴言：团队的力量让你无往不胜。

3. 记住别人的名字
—— 小事能建立大友谊

美国第 26 任总统罗斯福说过："一种既简单又十分重要的获得他人好感的方法，就是要牢牢记住别人的名字，并且在下一次见面时能够喊出他的名字。"

姓名是一个人的标记，出于自尊，人们总是最珍惜它，同时也希望别人和自己一样的重视它。

如果你再次与曾经打过交道的人见面时，能叫出对方的名字，对方一定会非常欣喜，也会自然而然地对你产生好感；反之，如果只是看着"眼熟"，再次询问对方的姓名，那样双方一定会感到很尴尬。

有一次，一个美国老师准备在巴黎开设一堂公开演讲课，给在此地居住的所有美国人都发出了信件。由于打字员是法国人，对英文不是很熟悉，在打个别姓名的时候出现差错。一家大的美国银行的经理，毫不客气地给这位老师写了封回信，指出自己的名字被打错了。这直接影响了这位经理跟老师的友好关系。

西点人认为，记住别人的名字，是尊重一个人的开始，也是塑造个人魅力的重要一环。

法国近代资产阶级军事家、政治家拿破仑，以前经常遗忘别人的名字，这使他的下属和周围的朋友都很反感。后来他意识到自己的缺点，就把自己见过的人的名字都写在一个小本上，专心致志地闭门默记。此后，不管公务再怎么繁忙，他都能说出曾经见过的人的名字，最终得到众人的钦佩和爱戴。

　　记住别人的姓名，在商界和社交上的重要性几乎等同于在政治上的重要性。每个政治家所要学习的第一课就是：记住选民的名字就是政治才能，记不住就是不合格的政治家。

　　在罗斯福开始竞选总统的几个月前，他的助手吉姆每天要写几百封信，给美国西部、西北部各州的熟人和朋友寄去。而后，他乘上火车、汽车、轮船等交通工具，历时19天，走遍美国20个州亲自拜访这些人。吉姆每到一个城镇，都会找熟人进行一次推心置腹的谈话，然后再继续下一段行程。

　　回到东部以后，他立即给城镇的朋友写信，请他们把曾经拜访过的客人名单寄给他，以防自己的记忆出现偏差，写错了别人的名字。那些密密麻麻的名单上的造访者，都收到了吉姆亲切而礼貌的回函。

　　吉姆早就发现大多数人都很在乎自己的名字，把一个人的名字记住，在下次见面时很自然地叫出来，就表示你对他含有微妙的恭维和赞赏的意味。相反，如果把别人的名字叫错了，或是忘记了，不但使对方很难堪，也会使自己陷入不利的境地。

　　古人云："不知礼，无以立也；不知言，无以知人也。"记住别人的姓名，不仅表达了你对别人的尊重，满足了人们基本的心理需求，拉近了人与人之间的距离，产生其他礼节达不到的效果，也体现了一个人的知识、修养和魅力所在。因此，记住别人的名字，是为自己建立友谊，达成交易的通行证。

　　安德鲁·卡耐基虽然被称为"钢铁大王"，但其实他对钢铁制造业并不是十分了解。反而是他手底下的数千名员工，对钢铁制造业要比卡耐基在行得多。

　　卡耐基之所以能够致富，是因为他懂得与人的相处之道。少年时代，他就表现出了卓越的组织本领和领导才能。十岁左右，他通过这样一件事发现小伙伴们都很重视自己的名字：

　　卡耐基曾经抓到过一只雌兔，不久，这个雌兔就生了一窝小兔子，可是他找不到可以喂小兔子吃的东西。

他灵机一动，想出了一个好主意。他和周围邻居的小伙伴们说："你们谁能采到苜蓿和蒲公英来把小兔子喂饱，我就用谁的名字来给小兔子命名。"

这招真是太管用了，小朋友们纷纷抢着寻找东西来喂小兔。

多年后，卡耐基运用同样的技巧经营着各项事业，而且这些事业都蒸蒸日上。

卡耐基负责的中央运输公司和乔治·普尔曼所经营的公司同时竞争太平洋铁路联合公司的卧铺车厢业务。他们相互排挤，不断削价，最后造成无利可图的局面。

之后，卡耐基和普尔曼都去纽约参加太平洋铁路局的董事会。当天晚上，在尼古拉斯大酒店，卡耐基邀约了普尔曼，对他说："你好，普尔曼先生。我们两个人是不是在互相愚弄啊？"

普尔曼满脸疑惑地问："你这话是什么意思？"

于是卡耐基说出了自己的想法，希望双方可以合作，并神采飞扬地描述了合并给双方带来的好处。听完卡耐基的描述，普尔曼并不十分认同，最后他问道："你准备给我们合并后的新公司取什么名字？"

卡耐基立即说："当然是普尔曼皇家汽车有限公司了。"

听完卡耐基的回答，普尔曼脸上露出了笑容，说："卡耐基先生，到我房间详细谈谈吧。"

最终，这一次谈话成就了美国工业历史上的一段佳话。

安德鲁·卡耐基有着很强的记忆力，并且非常重视朋友和生意伙伴的名字，这些都是他成为领袖人物的原因所在。他能叫出很多工人的名字，并引以为傲。他经常得意地说，自己亲自管理公司业务的时候，从来没有出现过影响钢铁生产的罢工事件。

美国百万富翁温斯顿·舒勒的成功告诉我们：记住别人的名字不仅体现了对别人的尊重，也表现出一种善待生活的态度。

男孩们，我们应该认识到一个人的名字所具有的神奇魔力，意识到姓名是我们与之打交道的人独家具备的东西，其他人是分享不了的。姓名把每个人区分开来，让我们与众不同。当我们记住某个人的名字时，我们传递出去的信息或是向别人发出的请求，就显得尤其重要。

不要小看这件事，其实记住别人的名字可以让对方有被重视的感觉，同时也能为自己赢得他人的好感，我们从中还能收获友谊，何乐而不为呢？

成功箴言：当你拥有一个属于自己的"名字库"时，你就已经成为世界上最"富有"的人！

4. 必须学会尊重别人
—— 尊重别人就是尊重自己

西点教导员是这样教导学员的："每个人都渴望受人尊重，希望能有更多的机会表现自我，以实现自身的价值，如果这种愿望能够得到满足，那么就会产生后一种新的鼓舞力量。"

如果你希望得到别人的喜欢和尊重，那么你必须首先学会尊重他人。这就好比你做善事而不计较回报、但终有一天会有福报一样，别人也会更加尊重你。

最好的朋友是能将你心中最好的潜能引导出来的人。你要学会透过表面现象，看清一个人的本来面貌。如果你帮他达到了他内心所期望的境界，那么你就能够赢得他的尊重和信赖；如果面临艰难的处境，你对一个人能够表现出你的理解和耐心，则不只是那个人，就连其他人也会非常敬佩你，你由此也会赢得别人的尊重和喜爱。

受欢迎的人大多都有着相同的特质——尊重他人。而那些以自我为中心的人，常常想着被尊重，这种心境往往会产生受挫感。因为一个人内心感到难过时，其他人会不经意地加重他的紧张情绪，并且他也决不会与别人一起获得成功，至少他在这样想的过程中更加造成了一种令人不满意的人际关系。

著名作家荷马·克洛维擅长交友之道。凡是他接触过的人，无论是百万富翁、垃圾清运工，还是老幼妇孺，都会在短短的 15 分钟内对他产生好感并十分尊重他。他既不年轻，又不英俊，更不是什么有钱人，那他身上有什么样的魅力可以做到这一点呢？其实很简单，因为他一点也不装腔作势，并且别人能深深地感到他的真心和关怀。

在没成功之前，克拉斯雷只是一家零售店里的普通销售员，后来创建了自己的克拉斯雷汽车公司，在美国的大型汽车公司行列里名列前茅。

他用了什么样的方法使人们都喜欢他的汽车呢？

克拉斯雷说："像我这样依靠千万主顾的满意度来取得事业成功的人，最有效的方法就是将这些主顾看成是一个主顾。如果有人提出了与我们事业有关的建议或意见，那么我们就应该认真听取，谨慎从事，尽量使他感到满意。长此以往，就会有成千上万的人对我们持满意态度。把整个营业对象想象成一个人，这听起来并不深奥，而在当时却能决定你事业上的成败。"

克拉斯雷的朋友和员工们都知道，平时他很注重研究顾客们的趣味和需求。他挑选一个典型的顾客作为研究对象，以他的观点、虚荣心、习惯和嗜好等，去计划他的事业，去实施他的工作及努力方针。

因为克拉斯雷深深懂得，对于每个人而言，无论是商人还是工程师，教师还是管理员，编辑还是作家，展现在他们面前的所有感应人群，常常是朦胧的、变化无端的形象。因此，要想以数以千计的人为对象进行小单元的研究，清楚地想出一个对策来，实际上是不太可能的事情。这样做，也只是以自我为中心，而没有考虑到别人的需要和兴趣。

大凡成功人士，都是运用这种不同的方法去观察和研究他所要影响的人，然后再按照他们的心理需求去满足他们。而这种满足就是一种尊重，每个人的需求与性格千差万别，但尊重却是所有人都需要的。

人非草木，孰能无情？换位思考中一个很重要的原则，就是要设身处地站在别人的立场去感受和考虑问题。

在日常生活中，每个人都要求得到认可。我们有丰富的情感，希望被喜欢、被爱、被尊重。每个人都有自己的抱负、渴望和情感。

因此，在沟通的过程中，我们要重视别人的心理需求，推己及人，这样别人才不至于把你看作是一个"自以为是的家伙"。

自以为是的男孩常在自己的周围竖起一道无形的"城墙"，形成与外界的隔膜，这使得他们的心胸很狭窄。他们虽然成绩不错，但往往没有远大的理想和抱负，只满足于现状。而且，他们看不到别人的成绩和长处，如同一只"井底之蛙"。

自以为是的男孩也没有很好的心态，当没有人理睬他时，他会感到沮丧；当他遭到挫折和失败时，又会从骄傲自满走向悲观，甚至自暴自弃。

人们思想中最深的动力是"做个重要人物的欲望"。请对方给你帮一个忙，不但能使对方感受到自己有着不可替代的作用，也能帮助你赢得友谊。

美国早期著名社会学家本杰明·富兰克林就是利用这项原则，化敌为友的。

在富兰克林年轻的时候，把所有的积蓄都投到了一家印刷厂，后来他想挤进费城州议会当一名文书办事员。这样一来，他就可以得到为议会印刷文件的差事。

可是却出现了一个对富兰克林十分不利的因素，议会中有一个有钱又能干的议员对富兰克林有很大的偏见。他不但不喜欢富兰克林，而且还公开斥责他。富兰克林决定要对方喜欢上自己。

给敌人一些小恩小惠吗？当然不行，这样做不仅会引起对方的怀疑，而且会使他轻视自己。

富兰克林如此聪明，他不会做那样的糗事。于是，他采用了另一个方法，就是请那位议员来帮他个小忙。他给议员写了一张便笺，内容是："听说您的图书室里藏有一本非常珍贵而特殊的书，请您把这本书借我几天，让我一睹为快。"

于是，那位议员很快就把书送来了。一个星期后，富兰克林在那本书上附了一封诚恳的感谢信送还回去。

当富兰克林和那位议员在议会里再次见面时，那位议员居然很有礼貌地和富兰克林主动打招呼。从此以后，他们成为了很好的朋友。

不要总以自我为中心，要以心交心，推己及人，设法了解他人的意愿与需求，这样才能学会尊重别人。事实上，你在尊重他人的同时，也是在尊重自己。

成功箴言：只有尊重别人，才不会自以为是。

5. 在需要时，能为大家提供帮助
—— 施与爱心以赢得爱心

曾经有一个商人在伸手不见五指的路上小心翼翼地行走，心里正在为出门没有带上照明工具而懊悔。忽然前面出现了一丝灯光，并离他越来越近。商人此时走起路来也顺畅了好多。等他走近灯光时，才发现那个拿着手电筒的人竟然是一位盲人。

商人十分好奇地问盲人："你本身眼睛就看不见东西，手电筒对你一点用也没有，你为什么还要拿着手电筒呢？"

盲人听后，慢条斯理地回答说："我拿着手电筒并不是为了给别人照亮，而是因为在一团漆黑的路上行走，别人经常会看不见我，我就很容易被人撞倒。而我拿着手电筒走路，我虽然还是什么都看不见，但是别人却能看见我。这样别人就不会撞到我了。"

有些人做着对他人有益，却对自己"毫无用处"的事情，我们也许会认为他们傻而嘲笑他们。其实，他们才是大智若愚的人。给予别人爱心，终究也会得到回报，所以也就等于向自己施与了爱心。

媒体曾经报道过这样一则故事：一个人在登山时，遭遇了突如其来的一场暴风雪，因而迷失了方向。由于长时间找不到可以遮挡风雪的地方，以至于手脚开始冻得僵硬。

后来，他遇到了另一个和他遭遇相同的人，那个人快要冻死在雪地里。于是，他立刻把湿手套脱了下来，跪在那个人的身边，用自己僵硬的双手来摩擦那个人的手脚。渐渐地，那个人醒了过来。

在两个人的努力下，他们还找到了避难处。后来，有人告诉那个救人的人说，他救别人的同时，也救了自己。他原本手脚已经冻得麻木了，就是因为给对方摩擦才得以缓解的。

西点军校教导学生："对别人施与爱心，是从不损失的投资。"美国的思想家、文学家爱默生也提醒我们："要做一个为后来者开门的人，不要试图使世界成为死巷。此生最美妙的报偿就是，凡是真心帮助他人的人，没有不帮助自己的。"

善意的微笑，或是肩膀上的轻抚，都可能把一个人从悬崖边拉回来。在帮助别人疗伤的同时，也会治愈我们内心的伤痛。其实，快乐的源泉来自于"给予"——为别人奉献，关爱别人，与别人分享希望，分享自己的喜怒哀乐，也倾听别人的喜怒哀乐。

著名心理学家荣格说："在我接待的病人中，有三分之一都找不到任何病因，他们只是找不到生命的价值，而且自怜。他们一生的愿望就是想搭个顺风车，而游行队伍就从他们身边经过。于是，他们带着自怜、无聊与无用的人生去找心理咨询师。赶不上一班渡轮，他们会站在码头上怨天尤人，他们要全世界都满足他们以自我为中心的诉求。"

在现实生活中，很多男孩可能会觉得自己的生活很平淡，一天到晚要不停地学习，哪有兴趣和精力去帮助别人呢？其实，不管你的人生有多么单调，你每天难免会碰到一些人，你是怎样对待他们的？你是视而不见，还是想多了解他们一点？例如邮递员，他每天要跑几百里路，为各家各户送邮件，你可曾想了解他在哪儿住？你关心过他是否劳累或觉得无聊吗？

超市里的店员、饭店里的服务员、蹬三轮的老大爷呢？他们也都是很平凡的人，也会有烦恼、梦想或是野心。他们也想和别人诉说，问题是你给没给过他们机会？你是否曾经对他们表示过热切真诚的兴趣？

波斯宗教家佐罗斯特说："对别人好，关爱别人，不是一种责任，而是一种享受，因为它能增进你的健康与快乐。"

1933年，加利福尼亚的哈里逊纺织公司因为一场熊熊大火而化为乌有。当时美国正赶上经济危机，3 000多名员工绝望地回到家里，等待着董事长宣布公司破产和即将失业的噩耗。

在悲观而漫长的等待中，他们终于接到了董事长助理发出的一封信：向公司的全体员工继续支付一个月的薪水。

员工们感到既意外又欣喜，纷纷给董事长亚伦·博斯打电话或写信，表达感谢之情。

一个月之后，正当他们为下个月的生计发愁时，又接到了董事长助理发来的第二封信：再次支付员工们一个月的薪酬。

3 000 多名员工接到这封信后，不仅是惊喜，而是热泪盈眶。第二天，他们纷纷来到公司，自觉地清理残骸、擦洗机器，还有一些人积极地去南方联系被中断的货源。

三个月以后，哈里逊公司重新迈入正轨，开始运转起来。

对于这一奇迹的发生，当时《基督教科学箴言报》是这么报道的：员工们竭尽全力，夜以继日地工作，巴不得一天工作 25 个小时。

现在的哈里逊公司已经一跃成为美国最大的纺织品公司，而且五大洲的 60 多个国家里都分布着它的分公司。

世界上各种形式的困难，其实都是人的困难。如果人的困难被解决了，希望也就降临了。董事长亚伦·博斯对员工施与的爱心虽然使当时公司的资金更加紧张，但却因此挽救了濒临倒闭的公司。

施与爱心才能赢得爱心，帮助别人才会获得别人的帮助，给别人送去快乐，自己同样也会收获快乐。

在《论语·雍也》中，孔子答子贡问仁曰："夫仁者，己欲立而立人，己欲达而达人，能近取譬，可谓仁之方也已。"

我们去帮助他人，关爱他人时所得到的收获，不一定是他人的"反哺"，更重要的是自己的提升，而后者才是我们"施与"时应该持有的心态。在成全他人的同时，也是在成全自己。

成功箴言：施与比索取更能让你感到快乐。

6. 一个人不可能演奏出协奏曲
—— 合作才能使自己真正强大

自古以来，男孩们心中不乏有崇尚个人英雄主义的情结。但即使在体育界这种个人英雄辈出的环境中，无论是贝克汉姆、罗纳尔多，还是姚明、乔丹这样的国际巨星，在赛场上同样不能逞个人英雄主义。个人只能服从于整体团队，服从于赛事的大局，球员们配合默契，才能打出好的成绩，为自己的团队赢得胜利，也就为自己赢得了荣誉。

同样，一个球员不可能成为每场比赛的明星，荣耀辉煌的一刻是由所有成员共同配合而来的。胜出，不只归功于临门一脚的前锋，当然，也不是将未进门的球反扑成功的守门员自己的功劳。如果没有队员之间的妙传，进球谈何容易！如果没有队友适时地拦截，对方球破自家大门的危险也会大大增加。

在西点，军官在人行道上相遇，都会彼此问候致意；学习好的学员总是自觉帮助学习较差的同学；如果某人的汽车在路上出了问题，毫无疑问，看到的人都会伸出援助之手。这是他们在西点军校长期形成的基本素养。

在当今时代，那些个人英雄成不了最优秀的人才，只有具有合作和互助精神的人才是社会需要的人才。

一家大型企业招聘业务人员，有12名优秀应聘者披荆斩棘，从众多应聘者中崭露头角。经理看完这12个人的简历和初试成绩后非常满意，但是此次只招4个人。最后，经理又给他们加了一道测试题：这12个人被随机分成甲、乙、丙三组。指定甲组去婴儿用品市场做调研；乙组去妇女用品市场做调研；丙组去老年人用品市场做调研。

经理对他们说："为了避免大家盲目开展此次的调研，我已经叫秘书准备好了相关行业的资料，走之前自己到秘书那里取一下。"

到了规定日期，甲乙丙三组成员都把自己的市场分析报告交给了经理。经理看完后，起身径直走向丙组，对他们祝贺道："恭喜你们，你们 4 位被本公司录取了。"经理看着大家疑惑的表情，笑了笑，说："请大家把秘书给你们的资料好好看看。"

原来，每个人拿到的资料都不一样，甲组 4 个人手里的资料分别是本市婴儿用品市场过去、现在、未来和总结性的分析，其他两组的也类似。

经理说："丙组的 4 个人很懂得相互协作，他们互相借用了对方的资料，补全了自己的分析报告。而甲、乙两组成员却抛开队友，分别行事。我出这个题目的目的是想观察一下你们的团队合作意识。甲、乙两组队员只是自己做自己的，没有合作意识，最终导致失败。要知道，团队合作精神才是一个企业取得成功的有力保障。"

在竞争日益激烈的今天，靠一个人的力量是无法完成纷繁复杂的工作的。一个人可以依靠自己的能力取得一定的成就，但是如果把大家的能力结合起来，就会取得出人意料的更大的成就。

很多人对于输赢的看法非常极端，非此即彼，赢就是一个人的，代表别人都得输。运动场上非赢即输的较量，学习成绩的分布曲线向我们灌输"永争第一名"的思维方式，于是我们就通过这副非赢即输的眼镜看人生。倘若没能唤醒你内在的知觉，就只为了争口气，一辈子拼个你死我活。

龟兔赛跑进行了很多次，互有输赢。后来，它们开始合作，乌龟被兔子背着跑到河边，这时，兔子反过来趴在乌龟的背上被它带到了河对岸——这次是"双赢"的局面。其实，有时候竞争对手也能够成为很好的合作伙伴。

男孩们，在日常的学习生活中，你们是否会经常遇到彼此较劲儿的同学？但是你们有没有想过与对手进行精诚合作呢？很多时候男孩之间的友谊都是从较劲儿开始的。和你不对路的同学，或许恰恰是与你特点不同、彼此的个性或能力可以互补的同学。

和龟兔赛跑一样，人与人之间并不仅仅是竞争的关系，如果团结合作或许恰好可以弥补彼此的不足，共同快速成长。

当然，我们平时的选拔制度会经常带有排他的色彩。以应试教育为中心的人才选拔制度更注重的是竞争意识，却忽视了彼此间的协作。竞争本身没有什么问题，它往往会给当事人造成一种危机感，进而客观地评价自己，发现自己的不足，并努力以更加奋勇的拼搏精神去不断超越他人，超越自我。

然而，这种鼓励"零和博弈"式的竞争，往往会使学生们在认识上产生这样的误区：认为只有自己力争上游、挫败群雄，才能在竞争中脱颖而出。尤其是男孩更会有这种一争高低的念头。

由此，男孩们更多关注的是自身的发展，不愿意主动与人交流，更不愿意把自己的成功经验与他人分享。对于比自己优秀的同伴们，则让他们有一种紧迫的外在压力，反而把自己折腾得十分压抑。

不可否认，社会不能缺少竞争，有竞争才会有动力，促使人们不断前进，不敢有丝毫懈怠。但并不是所有竞争者之间都是你输我赢的关系，也不是要竞争就不能合作，竞争双方也不是绝对的"冤家对头"。

比如说，两个同学在班级上争抢第一名，因此不愿意交流彼此的学习心得，总希望自己能占上风。但是如果到了年级组，他们需要竞争的是年级的排名。到了中高考，更是追求分值的领先，他们个人的名次排位就显得不是那么重要了。

那么他们之间可以形成一种良性竞争又彼此合作的关系。由此可见，竞争并非完全排斥合作，而合作也不是必须没有竞争。在竞争中寻求合作，在合作中有序地竞争，才能实现优势互补、双赢发展的良好势态。

有一位博士曾经画过一张世界地图，这并不是普通的世界地图。这张地图的各个部位都是三角形的，感觉像是一个外层空间的太空站。

虽然地图上的每个角落都是尖的，可是当这个地图向后仰合在一起的时候，令人意想不到的事情发生了：它们竟然组成了一个浑然天成的球体——那些最尖锐对立的三角形竟然拼成了一个完整无缺的圆形。

其实，这幅地图要告诉我们的是：虽然我们眼中的世界是尖锐、对立、冲突的，但其本质是相关联、相契合的。

事实说明，竞争总是与合作并存的，竞争越激烈，就越是需要团结协作的精神，合作是发展的必然趋势。

俗话说："三个臭皮匠，顶个诸葛亮。"无论是学习还是工作中，都可以互相交流，良性竞争，彼此帮助。这样我们的能力才会得到最大的提升。一个再伟大的英雄也代替不了整个团队，一个人的演奏再好，也无法完成美妙的协奏曲。

成功箴言：没有一个成功者是"独行侠"。

7. 人多不一定力量大
—— 要学会相互配合

曾经有人向西点军校当时的校长莱诺克斯提出过这样一个问题："西点是如何将个人英雄主义和团队合作精神有机结合在一起的?"

莱诺克斯校长回答说："一方面，我们非常重视学员间相互友爱等方面的教育；而另一方面，我们深知，人多未必力量大，因此我们有个说法是'你得合作，才能毕业'。大多数项目，都需要学生发挥各自的才能才能完成。比如说，有的学生文化知识成绩好，但是体能锻炼成绩就稍逊一筹，而另外一些学生正好相反。那么我们就会将这两类学生组合到一起，让他们相互帮助，取长补短，共同毕业。"

西点深知，美国未来的陆军精英军官可不能互相拖后腿。他们必须明白"人多不一定力量大"的道理，寻觅到合适的伙伴才能得到更强大的力量。

科学家瑞格尔曼曾经做了一个拉绳试验。参与测试的人员被分成四组，每组的人数分别是 1 个、2 个、3 个和 8 个。瑞格尔曼要求各组人员竭尽全力地去拉绳，同时用准确的测试器来测量各组的拉力，结果却有些出人意料：

两人组的拉力是单独拉绳时两人拉力总和的 90%；

三人组的拉力是单独拉绳时三人拉力总和的 80%；

八人组的拉力则是单独拉绳时八人拉力总和的 55%。

这个结论无疑表明了这样一个事实：在团体活动中，1 + 1 > 2 的结论不一定成立。一个普通的团队有再多的人，也未必能够战胜一个成员不多而效率高的团队。

乌龟、章鱼和海豚想要一同拉动一辆装有货物的汽车，于是，他们套上车索开始用力拉。可是，大家使出了浑身解数，车子也没有挪动半步。

其实，车上的货物并不是很重，只是乌龟套着车索拼命地往云里冲，章鱼则是向后拖，而海豚却往水里使劲。

同样的道理，在一个团队中，如果每个成员都各自为政，完全按照自己的喜好和意志去做事，那么纵然他们有很强的能力，也会因其相互之间的不配合而使自己所施展的力量化于无形，甚至会起反作用，最终无法实现共同目标。

由此可见，力量强大与否并不完全取决于团体中个体数量的多少。组织内的成员如果不能团结一心，相互配合，就难以避免地产生内讧，必然实现不了整体大于部分之和的联合效应。

只有抱团合作才能共同撑起一片天，个人能力良好的发挥，还需要整个集体链的配合。过度夸大任何一个个体的作用，到最后只能成为笑话。

从前，有一位老人听见五个手指头在争论：

大拇指对其余的四个指头说："我最粗，什么事情都离不开我，你们都没用。"

食指此时不服气地说："大拇指、中指、无名指和小拇指，你们要么太粗，要么太长，要么太细，要么太短，根本没法跟我比。"

中指反驳道："我个子这么高，能做很多你们做不了的事。"

"人们把戒指都戴在我的身上，可见我有多重要。"无名指骄傲地说。

最后，小拇指争辩道："我是小而精干，你们都不如我。"

老人听过他们的对话，语重心长地说："你们都说自己最有用，光说没用，你们来比一比吧。"

老人拿出了两只碗，其中一只碗里盛了一些豆子，要求五个手指头分别把豆子放到另一只碗里。结果可想而知，没有一个手指头能单独完成这件事。

众所周知，五个手指头只有共同合作才能完成这件看似简单的任务。

如果相互之间不能实现协调，各自为战，必然步履艰难、处处碰壁。

我们都知道"三个和尚没水喝"的故事，为什么一个人都能喝到水，而三个人反倒没水喝了呢？这是因为三个和尚都有依赖别人的心态，于是每到挑水的时候便互相推诿，结果谁也不愿意去，最终导致大家都没水喝。

男孩们，你们之间是否也会有这种"内讧"的举动？在集体活动中，因为对某个同学有偏见而不愿意伸出援手，甚至故意捣蛋拖后腿，导致两败俱伤，实在是不明智的选择。

那些喜欢拖后腿的男孩们要当心了，没准儿自己前方的道路也不是那么的平坦。而那些愿意发扬团队精神、诚心诚意帮助他人的人，则会在今后的道路上获得很多帮助。在向前冲时，有些人会遇到重重阻力，而有些人却得到很多助力，你愿意做哪种人呢？

一个木桶是由很多块木板组成的。如果这些木板长短不一，那么这个木桶的最大容量并不取决于木桶中最高的那块木板，而是由桶壁上最短的那块木板来决定的——这就是"木桶定律"。

"木桶定律"给我们的启示是：决定一个团队能否取得胜利的并不是那个能力最强、表现最好的人，相反，却是那个能力最弱、表现最差的落后者。因为最短的木板限制住了最长的木板，并制约着整个团队的战斗力，从而影响着整个团队的综合实力。

然而，在现实生活中，很多男孩瞧不起团队中的"短板"，嫌他碍事拖后腿，其实，"短板"才是影响集体战斗力的关键所在。真正高效的团队就像一个聚光灯，可以将所有的光会聚到一起，从而产生巨大的能量。这就是"整合会聚"的作用。

如果将一个人融入到一个团队中，就会产生更大的磁场效应。这种效应不仅能把众人的力量凝聚到一起，而且还会产生场内每个成员的个人力量都无法比拟的强大感染力，使整个团队趋于一个完美的整体。

所以说，在一个团队中，"人多"是没有用的，关键是要协调一致地行动，才能充分发挥个人效应，达到最完美的效果。

成功箴言：完全发挥作用的团体，才是一个最具竞争力的团体。

8. 只有宽恕才能给人第二次机会
—— 多一个敌人不如多一个朋友

西点军校虽然是以培养军事力量为主的学校，但是却经常教导学生：武力不能解决所有问题，爱和宽容才是征服人心的法宝。西点信奉这样的格言："天空收留每一片云朵，无论美丑，故天空无比广阔；做人也是同样的道理，胸襟宽广，才能拥有更高的境界。"

一个心胸宽广的人，更能展示自己的人格力量。很多伟人身上都有宽容的美德，这种美德是他们赢得他人尊敬的原因之一。

在美国南北战争时期，有一个名叫罗斯韦尔·麦金太尔的青年应征入伍，并被分配到骑兵营。由于战争进展得不是很顺利，士兵稀缺，在没有接受任何训练的情形下，他被临时派往战场。在激烈的战斗中，没有任何经验的麦金太尔非常害怕，终于坚持不住逃跑了。

麦金太尔的母亲知道这件事情后，给当时的总统林肯写了一封请求信。她在信中说，自己的儿子还小，不懂事，需要再给他一次机会证明自己。

然而，部队中的军官们都劝林肯要"三思而后行"，一定要严肃军纪，声称如果开了这个先例，势必会削弱整个部队的战斗力。

在这种情况下，林肯左右为难。经过慎重地考虑之后，他最终决定原谅这名年轻人，并说了一句非常经典的话："我认为，枪毙一个年轻人不会为他本人带来任何好处。"

为此，他亲手给将军们写了一封信，要求他们放麦金太尔一马："本信将确保罗斯韦尔·麦金太尔重返军营，在服完兵役以后，他将不受临阵逃脱罪名的指控。"

如今，这封已经褪色了的林肯亲笔签名信珍藏在一家著名的图书馆里，供人参观。这封信的旁边还附加了一张纸条，上面写着："罗斯韦尔·麦金太尔在弗吉尼亚的战役中牺牲，此信是在他上衣贴身口袋中找到的。"

得到第二次机会以后，麦金太尔便由胆怯的逃兵变成了勇敢的英雄，并且战斗到自己生命停息的最后时刻。由此可见，宽恕的力量是多么巨大！

由于各种原因，人不可能不犯错，但是只有宽恕才能给人第二次机会，只有第二次机会才可能弥补之前犯下的错误。

大海之所以纳百川，是因为能容。贤士懂得接纳，才会广纳忠言，不断进取。

毕业于剑桥大学的前英国首相鲍尔温对于宽恕作出了这样的点评：这是一种伟大的品德，是人生的桂冠和荣耀。它是一个人宝贵的财富，它构建了人的地位和身份。

林肯当上美国总统以后，任命一个强有力的政敌担任要职，他的幕僚都非常不理解。但是林肯笑着对他们说："把敌人变成朋友，既消灭了一个敌人，又多了一个朋友，不是两全其美的事吗？"这就是林肯的胸襟和智慧。

广阔的胸襟决定他处事的高度，没有这种胸襟和气度，林肯又怎么能够从贵族林立的政客中杀出重围，成为美国著名的总统呢？

拥有广阔的胸襟，代表你能站在别人的角度考虑问题；代表你能够从谏如流，合理采纳他人的建议；代表你能够用一种成熟而有高度的方式处世。

男孩们，如果你们的朋友无意给你带来了烦恼，或是因为一时情绪不佳而对你言辞过激，你是愤怒还击还是宽容以待呢？教育家苏霍姆林斯基曾说过："有时宽容引起的道德震动比惩罚更强烈。"

人与人之间的相处总会存在大大小小的矛盾和摩擦，这就需要我们每个人有所听，有所不听。当别人对你表示关怀时，你要洗耳恭听；当他们情绪不好时，所表露出来的言行举止并非他们心中的本意，你又何必认真呢？

毕业于西点军校的马克思维尔将军说过这样的话："在生活中，我们要克服来自生活本身的阻力，也要能够容忍别人偶尔不友好的态度。"

多一点宽容，在接纳身边朋友优点的同时，也要适当地接纳他们的缺点和不足；在接受对己赞美的同时，也要接受忠言逆耳。让宽容能够成为我们交往过程中的磁场，使人与人相处时更加具有凝聚力和感召力。

早在半个世纪以前，中国人民教育家、爱国者陶行知就把民主与宽容的思想理念融入到教育实践中，让它们发挥神奇的作用。

陶行知当校长的时候，有一天看到一个男孩搬起砖头要向同学砸去，便将其制止并叫他到自己的办公室去一趟。当陶行知来到办公室时，那个男孩已经在那里等候着。

在校长办公室里，陶行知给了这位同学一块糖："你比我先到办公室，这个是对你的奖赏。"接着他又掏出一块糖给这位同学，说："我制止你刚才的行为，你就立刻住手了，说明你尊重我，这个也是给你的奖赏。"

男孩半信半疑地接过了第二块糖，陶行知又说道："据我所知，你打那个同学是因为他欺负女同学，说明你有正义感，很仗义，我再奖励你一块糖。"

说到这里，男孩感动得哭了起来，说："校长，我知道错了，同学再不对，我也不应该打他。"

陶先生此时又掏出一块糖："你已经承认了错误，我最后再奖励你一块糖。我的糖发完了，我们的谈话就此结束。"

这个故事展现了宽容的魅力，更呈现了教育者的智慧。宽容是一种完美的教育情感，教育需要宽容的心，更应该给宽容足够的生存空间，使其"复活"。在人际交往中同样如此，要想获得他人的认可，甚至化敌为友，宽容是最好的法宝。

当然，宽容也是有限度的，那是明辨是非黑白之后的一种胸襟和态度，而不是对于得寸进尺之人的纵容和怯懦。真正的宽容是对异己者的包涵，和对不如己者的谅解。真正的胸襟是一种用天下之才、尽天下之利的气度。这样才能结交更多的朋友，成就更高的事业。

成功箴言：宽容能够让你少一分阻力，多一个成功的机会。

第九章

坚持学习

——不管你有多强大，依然需要提升

1. 永远把自己当做学生
—— 以人为镜，学无止境

西点军校成立时的命令签署人汤姆斯·杰弗逊说过："每个人都是自己的老师。"西点每门课程的授课老师，都是具有实务经验的。教军事历史的老师，曾经参加过军事行动，是创造历史的人；教国际关系的老师来自于外交界；教作文的老师，也是派驻过世界各地，担任过很多年公关幕僚军官的职务。这些教师具有丰富的实务经验，与学术理论相辅相成。

西点的教师要让学员们明白，要想做一个优秀的军事指挥官，并不是只要雄赳赳、气昂昂就行了，军事将领同样需要博学多才。西点教官经常用巴顿将军的故事来教导学生。

巴顿将军在沙漠里看见第二次世界大战中德国最负盛名、也是希特勒最为宠爱的将领隆美尔往他部队的方向走过来，他说的第一句话并不是："隆美尔，我要宰了你！"而是兴奋地大声喊道："隆美尔，你这只老狐狸，我看过你写的书！"

每个人都应该寻找能够弥补自己弱点及不足的老师。因为我们要成长，要不断地发挥潜力去实现自我价值，而教师的经验和智慧能够使我们尽可能的超越别人，帮助我们尽快实现自我价值。多吸取经验教训，才能少走弯路。

有一位企业家，在"什么都没学"的哲学专业毕业，没有一技之长。"身无特长"反而给了他最大的"特长"，那就是无论遇到什么样的问题，他都会去请教别人，遇到什么事都会去找专家。比如，对于这些年更新换代很快的计算机，他显然不如青年人掌握得快，有不懂的地方，他都会虚心地向员工请教，没有半点"老板"的架子。

不是每个管理者都能像这位企业家一样谦虚，管理者最容易犯刚愎自用，不能虚心听取别人不同意见的毛病，尤其是不能听取自己下属的不同意见，甚至觉得自己高高在上，是不可侵犯的。

古希腊著名思想家、哲学家苏格拉底说："我知道自己几乎一无所知。"这正是一种谦虚向别人学习的优良品质。在"学习"两个字面前，我们永远都是学生。管理者要忘记自己的身份，放下官架子，要把自己当成学生，向比自己知识更渊博、经验更丰富的人学习。

卡梅隆是一个创业成功的少年，美国《福布斯》杂志网站曾经报道过他的事迹。

1994 年，只有 9 岁的卡梅隆开始做人生的第一笔生意，给父母的好友们发送节日邀请，为此，他在父母那里得到了一笔小小的报酬。11 岁的时候，他通过销售问候卡片积攒了 3 000 美元，并用这笔钱开了一个名为"欢乐与眼泪"的小公司。

12 岁那年，他用 100 美元从妹妹手里买过来全套的 30 个"豆豆娃"，并把这些"豆豆娃"在 eBay 网站销售，结果获得了 10 倍的利润。他还从中发现了商机，立刻大批购进"豆豆娃"，在网上销售。不到一年的时间，他就赚了 5 万美元。

之后，他用这笔钱做本金，创办了 My Email 邮件服务系统，这个系统的主要作用是保密客户的个人信息。一年后，该系统每月盈利 3 000 美元。

1997 年，他与两个年轻人合伙，创办了网络广告公司，获取丰厚收益。卡梅隆说："高中即将毕业时，我的资产已经超过 100 万美元。"

当别人询问他成功的秘诀时，他回答道："时刻都准备学习。在我的眼里，每个人都是老师，都有强于自己的地方。通过学习别人的长处，借鉴别人的经验，自己就会变得越来越强大。"

可见，卡梅隆的成功依靠的不仅仅是机遇和商业眼光，更主要的是他的学习能力。

"闻道有先后，术业有专攻"，每个人要学会向别人请教，自己不了解的东西，他人就有可能熟悉，那么他人就是自己的老师。有句俗话说："问是一时之耻，不问是一世之耻。"如果我们能经常不耻下问，不仅能开拓自己的知识面，更能赢得他人的信任感和好感，何乐而不为呢？

李嘉诚之所以能够取得成功，与其强大的学习能力是分不开的。李嘉诚早年颠沛流离的生活，导致他过早离开了学校，失去了受正规教育的机会。他只好通过购买旧书，或是和别人交换书籍来完成自学课程，由此养成了"抢知识"和"不择细流"的阅读习惯。

了解李嘉诚的人都知道，除了小说，李嘉诚从各公司年报到科技、历史和宗教等书籍都通吃。就是在他身边工作的人也会时常惊讶于他思维的灵活和观点的新鲜。在谈及某一行的专业问题时，他能像一个专家一样侃侃而谈。

"以人为镜，学无止境"使李嘉诚成为一个东西文化的结合体：一方面像西方职业经理人一样重视数据，依靠组织制约和平衡的管理法则，也像外国商人那样自发地乐于迎接竞争所带来的压力和成就感；另一方面有着东方人的谨慎谦虚，始终坚持东方企业家关心、重视员工发展前途的传统观。

无论是成功人士，还是正在迈向成功并渴望成功的男孩们，都需要在学习中不断进步。

有一个大学毕业生自视甚高，以为自己无所不能。可是毕业后却屡屡碰壁，连一份合适的工作都找不到。于是，他觉得现实太残酷，对自己太不公平，进而对社会很失望，也对自己失去了信心。他认为自己之所以沦落到现在的处境，是因为没碰到欣赏他这匹"千里马"的"伯乐"。

在痛苦和绝望的萦绕下，他产生了厌世的心理。于是他来到大海边，想一死了之。就在他向大海迈出第一步的时候，恰巧有一位老人从此经过，把他拉回岸边，说："年轻人，为什么要这么悲观，选择结束自己的生命？说给我听听，看看我能不能帮上忙。"年轻人就告诉这位老人自己得不到社会的认可，没有人欣赏他的事实。

这时，这个老人从沙滩上捡起了一颗石子，给年轻人看了一眼，然后扔到地上，说："你把我刚才扔到地上的石子再捡起来。"

"这怎么可能！"年轻人惊讶地说。

接着，老人又从自己的口袋里掏出了一颗闪闪发光的红宝石，也扔在了地上，然后对他说："你能把那颗宝石捡起来吗？"

"这太容易了。"

"现在你知道为什么了吧？你要明白，现在你还不够闪闪发光，所以不能苛求别人认可你。如果要别人认可，你首先要端正自己的态度，面对现实，认识到自己的不足之处，还要加强自身的学习，由一颗普普通通的石子变成一颗璀璨夺目的宝石才行。"

从这个小故事中可以得出这样的启示：想要被别人欣赏，在社会上立足，就要不断地用知识来武装自己。借鉴别人成功或失败的经验教训，使自己得以提高。永远把自己当成一个学生，哪怕问一些"傻"问题，因为学习是没有止境的。

要想在社会的激烈竞争中立于不败之地，不仅要学习书本的知识，更要在社会这所大学中多借鉴别人的经验教训，这样才能给自己加大马力，向着成功出发。

成功箴言：以人为师与以书为师同样重要。

2. 学会超越已有的知识和经验
—— 内省、总结、提高

毕业于西点军校的约翰·科特上尉说："面对挑战，要勇敢地迎上去，并且大胆采取行动，然后淡然地面对自己，分析这项行动之所以成功或失败的原因。你会从中吸取经验教训，然后继续前行，这种终生不断超越的过程，将是你在这个瞬息万变环境中的立足之本。"

一个人一旦满足于自己目前所取得的成就，便失去了继续前进的动力，生活就没有更高的目标。而在这个竞争越来越激烈的社会中，不前进就意味着后退，就可能被社会淘汰。一旦你停止前进，便会被别人超越。

西点永远需要最好的领导者，需要永远前进的军人，而不是取得一点成绩便沾沾自喜的"骄傲的军人"。

现在很多职场人士对工作抱有"只要称职就够了"的态度，认为"差不多"就行了，没有必要做到最好。然而，恰恰是因为这样的想法，使他们永远无法得到老板的垂青，永远难以获得提升的机会，甚至还会等到被解雇的通知。

很多人在没有取得半点成绩的时候，勤奋刻苦，像老黄牛一样兢兢业业地劳作。一旦取得一些成绩以后，就欣喜若狂，得意忘形。这种满足于现状的心态只会让自己重新回到以前，甚至变得还不如以前。

乌龟和兔子赛跑的故事几乎家喻户晓，兔子之所以失败，就是因为它骄傲自满、得意忘形。因此我们必须提醒自己：切忌自满。尤其不能被眼前小小的成就蒙蔽住双眼，被既有的成绩遮住了广阔的视野，从而失去了超越自我的能力。

　　一个男孩，要想让自己从普通变得出色，就要经过内省、总结、提高的过程。

　　张欣是一名广告专业的大学生，毕业后进入了一家中型企业。他自以为专业能力很强，所以工作起来漫不经心。

　　有一次，老板交给他一项为一家企业设计广告策划方案的任务。张欣认为这项工作太简单了，便拿着自己设计得方案，带着几分得意走进了老板的办公室。谁知老板看都没看一眼，只是问了一句："这是你的最佳方案吗？"张欣愣了一下，没有说话。

　　老板便让张欣把这个方案拿回去重新修改一遍。张欣拿着方案回到了办公室，开始重视起来。他冥思苦想了好几天，改了又改，然后又来到了老板的办公室。结果老板仍然问了他那句话，张欣还是没有底气回答。于是，他把方案又拿回去了。

　　这样反反复复了五六次。当张欣最后一次走进老板办公室，老板问完那句话之后，他肯定地说："是的，这是我认为设计得最好的方案。"这时老板才拿起方案看起来，看过之后，满意地笑了。

　　从此以后，在工作中，张欣经常会用老板的那句话反问自己，每项工作他都会突破已有的知识和经验，力求达到最完美。他每次都给自己设立一个更高的目标，所以工作完成得越来越出色。

　　现在，张欣已经成为那家公司的策划部门主管，带领部门员工策划出越来越多、越来越好的方案，给公司创造了很大的效益。

　　每个人身上都有无限潜力，你应该积极地把自身的潜力挖掘出来，并将它发挥得淋漓尽致。

　　无论你现在的成绩多么优异，生活多么无忧，也不应该满足于现状，要不断超越自我，提高自己。事物永远没有"足够好"的时候，只有尽最大努力，把它做到"最好"才能真正成功。

　　每个男孩长大后都可能成功，只是获得成功的方式不尽相同，但不论以什么样的方式取得成功，都应该遵循相同的原则：踏实的脚步，远大的理想，永不言败的信念以及永不满足的不懈追求。

很多男孩都是因为好胜才不断地取得自我发展和自我完善。在生活中，他们不会错过任何一次迎接挑战的机会，无论多么难达到的目标，一旦被认准，就绝不轻易放弃。永远在学习中超越，在超越中学习，成功对于这样的男孩来说，仅仅只是时间的问题。

不是第一就要努力成为第一，即便已经是第一，也可以超越自己，使自己得以提高。在西点，没有所谓的"常胜将军"，哪怕你已经坐到了第一的位置，也将面临更多的挑战。这样的挑战来自于他人，也同样来自于自己。

毕业于西点军校的美国第三十四任总统艾森豪威尔认为："在这个世界上，没有什么比坚持不懈、不断进取对成功的意义更大。"西点的著名名言说的也是这个意思——"You will shape up or shake up"，即你要不断进取、超越自我，否则将被淘汰。

如果每个人都能将"超越已有的知识和经验"变成习惯，就会从中学到更多的知识，积累更丰富的经验，就能从竭尽所能地做一项工作的过程中找到快乐，并获得更多的回报。

成功箴言：永不满足于现状，敢于超越，你才会登上人生的顶峰！

3. 善于利用自己的长处
—— 一技在手，走遍天下

每个人的精力都是有限的，不可能样样都学，样样都强。西点人一直崇尚这样的至理名言："聪明人要善于展示自己擅长的东西，并把它坚持下来，经营一生。"也只有在自己最擅长的领域里打拼，才有可能获得最终的胜利。

每个人也都有自己的优势和弱势。技艺就是实力，磨炼过硬的技艺可以使你在激烈的竞争中战无不胜，成为永远的赢家。

有一个小男孩自小就非常喜欢柔道，在老师的推荐下，一位著名的柔道大师将他收为徒弟。

然而，小男孩还没来得及学习自己钟爱的柔道，就在一次车祸中失去了右臂。那位柔道大师找到小男孩的家，对他说："如果你还想学，我依然会接纳你。"于是，小男孩在伤愈后，就跟随大师学习柔道。

这个小男孩非常懂事，知道自己的条件不如别人，因此更加刻苦努力。然而，半年的时间过去了，大师就只教给他一个招数。小男孩虽然感到好奇，但他相信师父这样做一定有自己的道理。

又过了大半年，师父每天教给他的还是那一招，小男孩终于按捺不住，跑去问师父："为什么老是这一招，我不能学点别的招数吗？"

师父笑着对他说："你只要把这一招学好、学精就够了。"

不久之后，这位大师带着小男孩去参加一场柔道比赛。当裁判宣布本次大赛的冠军就是小男孩时，他自己都对这个结果难以置信。没有右臂的他，用一招就在大赛中获胜。

回去的路上，小男孩用疑惑的眼神看着师父，并问道："我怎么用这一招就夺得了冠军呢？"

师父摸着他的头，亲切说："有两方面的原因：首先，我反复教给你的这一招是柔道中最难的一个招数；其次，破解这一招的唯一办法就是抓住你的右臂。"

世界上没有绝对的废物，一切事物的存在都有其本身的价值。只要找到勇于出击的突破口，谁都能够成为有用之才。而对于每个男孩来说，在某种情形下，自身的缺陷正可以成为自身的优势，而且这种优势是独一无二的，更是别人无法抄袭的。

找出自己身上的优点，即使你只是一根小小的火柴，也会发出光和热。因为上帝给你关上一扇门的同时，也必然会给你打开一扇窗。只要把那扇窗打开，阳光就会洒进来，照亮五光十色的人生。

世间万物，各有所长。鸟因其有翅膀而展翅翱翔，鱼因其善水性而畅游江海。它们依靠自己的特长而成为万物中的一分子，在永恒的生存竞争中占得一席立足之地。如果它们丢掉自己的长处，就只能在激烈的生存竞争中成为优胜劣汰的淘汰品。

人生的秘诀同样是要善于利用自己的长处。

有个小伙子高考落榜后，心情非常沮丧，心烦了就上街找人打架，发泄心中的郁闷，久而久之，成了远近闻名的"打手"。

有一天，小伙子被人雇来去某高校打个人，刚走进校门，他看见大礼堂内正在举办一场名为"专家点拨成功之路"的报告会，那个被打的对象正在礼堂内听报告。无奈，他只好站在门口等着。无意间，听到老教授在报告中提到："每个人的身上都有闪光点，要想做出点成绩，就要善用自己的长处。"小伙子听后深有触动。

散会后，他找到老教授，问道："你说每个人都有自身的闪光点，我怎么找不到啊？"

老教授对这个小伙子的情况进行了解以后，笑着说："你刚才不正想利用自己的长处吗？"

小伙子愣了一下，老教授接着说："'打人'就是一种长处，只是看你怎么用，如果你利用它去打击犯罪分子，惩恶扬善，那你就实现了自己的人生价值，甚至能够做出一番成绩呢。"

在老教授的循循善诱下，小伙子终于有所醒悟。于是在当年的征兵季节就参军入伍了。

在部队中，他由于表现突出，屡次勇斗歹徒而受到嘉奖。复员后，政府给他安置了一份待遇丰厚的工作，他更加脚踏实地、兢兢业业地工作，最终成就了一番事业。

这是一个"失足"小伙子，善于利用自己的长处而走向成功的例子。从中我们发现，善用自己的长处是明智之选。在人生的十字路口，一个人如果站错了位置，用自己的短处来谋生，是非常愚蠢的选择，他或许会陷入永久的卑微和失意中，无法自拔。对一技之长保持兴趣十分重要，即使它"搬"不上台面，但可能是你改变前途的一大财富。

在你找工作的时候也是同样的道理，你无须考虑这份工作是否能使你成名，而要选择最能使你的长处得到充分发挥的工作。这是因为经营长处能使你的人生变得越来越有价值，反之，你的人生就会贬值。

德国著名的思想家、诗人歌德曾经说过："每个人都有与生俱来的天分，如果这些天分能够得到充分的发挥，自然可以给他带去极致的快乐。"

在人生漫长的旅途中，如果你也希望体验到这份快乐，那么就要从自己的长处入手，抓住机会，充分发挥这份优势。如果你抛开自己的优势和才能，在不擅长的领域寻求发展。那么你很快就会发现，自己就像掉进了泥潭，越挣扎陷得越深。

因此，你首先要重新审视自己，发掘自己的长处。即便你一无是处，你也可以从今天开始培养自己的一技之长，只要掌握一个技能，你就能打遍天下无敌手。

成功箴言：人不能总盯着自己的缺点，要学会发挥自己的长处。

4. 世上充满了业余玩家

—— 要利用经验，而不是受它束缚

西点毕业生约翰·克里斯劳说："规则和纪律是一定要遵守的，但这绝不应该成为你墨守成规的借口。"

我们的行为举止不可能迎合所有的人，可能会经常受到世俗的约束与制约。这些约定成俗的规则和经验，往往把我们的思维、行动限制在四堵高墙内。

任何事情都有两面性，即使是明文规定的法律与规则也并非适用所有场合和环境。社会的进步与个人的发展都需要敢于打破常规，不拘于常理，不需要事事都随波逐流、听天由命。推动社会进步的往往是那些具有革新精神、敢于突破常规、改造环境的人。

美国第十六任总统林肯说："我从来不为自己确定永远适用的政策。我只是在每一具体时刻争取做最合乎情况的事情。"可见，他没有把自己变成某一具体政策的奴隶，即使对于普遍性政策，他也不会在所有情况下强制实施。

美国杰出的发明家保尔·麦克里迪曾经讲过这样一个故事：

在麦克里迪的儿子刚满10岁的时候，有一天，他对儿子说："水的表面张力能够使针浮在水面上，而不会沉下去。现在我的要求是：我要你将一根很大的针放到水面上，同样也不能使它沉下去。"麦克里迪曾经做过这样的实验，所以他提醒儿子可以采取一些小技巧，比如用小钩子或是磁铁之类的辅助工具。

但是，他的儿子不假思索地说："先把水冻成冰，然后这根针放到冰上面，再让冰慢慢地融化不就行了吗？"

这个想法真是令人拍案叫绝！先不说是否能行得通，关键的一点是：麦克里迪绞尽脑汁冥思苦想了好几天，也没有想到这个答案。以往的经验限制了他的思维，而这个小家伙倒是不落窠臼。

此前，麦克里迪设计的首次以人力驱动的"轻灵信天翁"号飞机，成功地飞越了拉芒什海峡。并因此获得 214 000 美元的亨利·克雷默大奖。但是在投针这件事发生之前，他并没有明白他的小组为什么会在这场历时 18 年的竞赛中获胜。因为，无论是财力还是技术上的力量，其他小组都远超麦克里迪的小组。结果，他们组却独占鳌头。

听过儿子的回答之后，麦克里迪豁然开朗："尽管其他组的技术水平都很高，但是他们的设计都很普通。虽然我缺乏设计机翼结构的经验，但是我却对悬挂式滑翔以及那些小巧玲珑的飞机模型了如指掌。我设计的这款飞机虽然重量只有 70 磅，但是却'长着'90 英尺宽的巨大机翼，并采用优质绳做绳索。我们的对手之所以失败，是因为他们懂得的标准技术太多了。"

这个故事告诉我们，阻碍我们成功的，不一定是我们未知的东西，也可能是我们知道太多的规则和经验。

一个心灵自由的人敢于打破常规，也敢于标新立异。封闭的心就像一潭死水，永远没有进步的机会。故步自封的人往往会被人轻视，思想开明的人，身处任何行业都会有出色的表现，而故步自封的愚者仍然摇旗呐喊"不可能"。因此，你要学会善用自己的能力。

人的心灵需要不断接受新思想的洗礼和冲击，否则就会枯萎。

说起台湾首富王永庆，几乎家喻户晓。他带领台湾塑胶集团挤进了世界化工行业的前 50 名，而他是以卖米的小生意开始创业之路的。

由于家庭贫困，王永庆根本读不起书。他 16 岁时来到嘉义，开了一家米店。当时，嘉义已经有 30 多家米店，竞争十分激烈。身上只有 200 元现金的王永庆，只能在一个偏远的巷子里租了一个小铺面。他的米店开得晚，规模又小，没有任何优势。所以在新开张的那段日子里，生意非常冷清。

王永庆曾经背着米挨家逐户地去推销，一天下来，不仅人累得都直不起腰来，而且效果也不好，因为没人相信一个小商贩推销的米。怎样才能打开销路呢？王永庆苦思冥想，那时候的台湾，农民还处在手工作业的状态，所以很多小石子之类的杂物就容易掺进米里。在做饭前，人们要先用簸箕筛米，然后还要用水淘几遍，既不方便，还耽误时间。但是大家对这种现象已经习以为常，没有什么可奇怪的。

王永庆却从这里找到了突破口。他和两个弟弟一起动手，将掺杂在米里的秕糠和砂石之类的小杂物一点一点地挑出来，然后再把米拿出去销售。这样销售了一段时间后，赢得了小镇上主妇们的肯定，觉得他的米质量好，还省去了筛米的麻烦。就这样，经过口口相传，米店的生意越来越好。

王永庆并没有就此止步，他还要在销售上下功夫。那时候，顾客都是自己买米，然后运送回家。这对年轻人来说没有什么，但是对于一些上了年纪的人，就有点费力了。而很多家庭一般都是老年人在家料理家事，年轻人忙于工作，因此，买米的顾客以老年人居多。王永庆观察到这一点后，就主动要求免费送货上门。当时还没有"送货上门"这项服务，所以这一举措大受欢迎。

王永庆送米，也并不是把米放到顾客家里就完事了。他还要把米倒进米缸，如果米缸里面还有米，他就把陈米倒出来，然后把米缸擦干净，再把新米倒进去，最后把陈米放到最上层，这样，陈米就不会因为长时间的存放而变质。王永庆精心的服务感动了很多客户，也因此赢得了更多客户。

如果是给一位新客户送米，王永刚就会带上笔和纸，记下这户人家米缸的容量，并且了解这家有几口人吃饭，几个大人，几个小孩，每个人的饭量如何，据此判断这户人家吃完这缸米的大概时间。

王永庆精细、务实的服务，使他的小店远近闻名，有了知名度以后，他的生意如日中天。经过一年多的资金和客户的积累，王永庆觉得时机已经成熟，便在最繁华的临街处，租了一个比原来那个小铺大好几倍的门面房，开了一家碾米厂。

就这样，王永庆的标新立异开启了他问鼎台湾首富的事业。

男孩们要切记：不要让惯性思维控制住自己的人生。否则，你的人生将在碌碌无为中度过。在借鉴前人经验的同时，试着遵从自己的行动规则和做事风格，你会发现自己正在向目标接近。

专业人员的行为是可以推测出来的，因为它有一套固定的行为模式；但是业余玩家的实力也不容小觑，因为它超越了模式，更优于以往的模式。

西点军校还流传着这样一句豪言："美国的大部分历史是由我们所培养出来的人才创造的。"因此，我们要创造历史，就要在利用前人经验的基础上，创造更好的事物，推动世界永无止境地前进。

作为历史长河中的一个过客，每个人都有责任和义务去推陈出新，使我们的生活变得更加美好。

成功箴言：走出规则囚禁的栅栏。

5. 要学习知识，而不是死记规则
—— 学会学以致用

西点前校长 A·L·米尔斯说："每个人所受教育的精华部分，就是他自己教给自己的东西。"

西点人认为，一个人只有知识是不够的，应该把知识转化为能力。知识只是一种累积，而能力才是最有价值的东西。西点所设置的课程是非常全面的，它要培养的是知识与能力并存的人才。

美国时代华纳公司的董事长理查德·芝罗曾经说过："任何人仅仅凭借书本上的知识是坐不上高职位的。"高学历、高分数只能说明你掌握了书本上的知识，但是仅有这些是不够的，学习的最高境界是把知识转化为能力。

有一个射箭技术超群的猎人，被村民称誉为"猎神"，他始终承担着村里的食物来源。猎神的儿子对打猎也很感兴趣，于是猎神把所有的知识和经验都传授给了儿子。儿子经过一段时间的认真学习，对各种野生动物的习性已经非常清楚。学成以后，猎神胸有成竹地把弓箭交给儿子，让他一人去山上打猎。

半个月后，儿子满载而回。可是回到家里不久，儿子就倒地不起，很快就撒手人寰了。

原来，猎神的儿子不小心被蜜蜂蜇了一下，由于没有得到及时处理，伤口感染了细菌，才导致一命呜呼。

猎神为此悲痛欲绝，难过不已。他多年来苦心栽培儿子，教给他打猎的每个步骤，还有如何扎营、如何与各种野生动物周旋，儿子连猛虎都毫不畏惧，却死在一个微不足道的小蜜蜂手里。

猎神的一个老朋友得知这个消息后，诚恳地对他说："你只能传授给他技术，却无法教给他经验和教训，人生本来就有太多的意外发生，你就节哀顺变吧。"

拥有许多丰富的知识纵然很重要，但是实战远比想象的复杂。我们不仅要学习知识，更要在实践中把知识转化为能力。"读万卷书，行万里路"，说的就是人要学习较多的知识和丰富的经验，也要把理论与实际结合起来，学以致用，善于利用知识处理各种情况，而不是死记规则。

丰富的经验也是成大事者不可或缺的资源，尤其是年轻人，由于涉世不深，经验比较少，这就要求他们不但要积累书本上的知识，还要注重现实生活中经验的积累。

时代的发展促使人们打破了以往对知识的理解。人们已经认识到，有了同等的知识，并不代表有了与之同等的能力。掌握知识与将其熟练地加以运用之间还有一个过程，这就是学以致用的过程。如果具备知识但是不会应用，那么拥有的就是死知识。死知识不但没有半点益处，甚至有时还会有害。

因此，男孩们，你们在学习知识时，不但要把自己的脑袋变成储存知识的仓库，还要让它成为知识的熔炉，把所有的知识扔到大熔炉里——消化、吸收。利用所学的知识，参加学以致用的活动，提高运用知识的能力，使学习过程转化为提高能力、增长见识、创造价值的过程。

要想做到真正的学以致用，需要加强知识的学习和能力的培养，并把两者的关系协调好，使知识与能力能够相辅相成，共同促进，发挥出从未有过的潜力和作用。要想做到学以致用，不仅要苦读与爱好、兴趣和职业相关的"有字之书"，同时还要领悟生活中的"无字之书"。

读"有字之书"可以学习前人累积的丰富知识和学以致用的经验，并从中借鉴，避免走弯路；读"无字之书"可以了解现实、认识世界，并从"创造历史"的人那里学到书本上没有的知识。

我国著名画家、书法篆刻家齐白石对精研"有字之书"十分推崇，但他更看重"无字之书"。他的画之所以能推陈出新，创造出卓尔不群的书画风貌，是他努力在现实生活中开拓艺术生涯的结果。

纵观齐白石一生的杰作，所展现出的是一幅幅栩栩如生的花鸟鱼虫、欣欣盎然的草木，刻意求工处恰如雕刻，粗犷豪放处如同泼墨，可谓"形神兼备"。尤其是他的水墨画虾，更是独具一格、活灵活现，令人情不自禁地拍手叫绝。但是有谁会了解纸上的画有多少是话外之音呢？

以水墨画虾为例，为了能把虾画得更加生动，齐白石对着虾观察了无数遍，以至画出来的虾达到了出神入化的境地。

他画虾已经有几十年的时间，可将近70岁时才觉得自己赶上了前人画虾的水平。他不看"无字之书"，不肯下笔作画的作风，更是把他严谨的创作态度展露无遗。

学以致用就是要把所学的知识运用到实践中去，这是成大事者必备的一种能力。很多人不能把知识和实践融会贯通，只知道学习书本上的死规则，这样即便积累了丰富的知识，也不能将其力量充分地发挥出来。

知识的作用只有在运用中才能展现出来，这也正是成功者之所以能够成功的关键所在。要想将知识转化为力量，转化为引导你走向成功的资本，就要养成这种学以致用的习惯，从而使所学有所用。

如果我们能够在有限的时间内阅读更多的书籍，并做到学以致用，那么就会取得意想不到的收获。

学以致用能够检验所学知识是否正确。书上的知识能够与实际结合成功，就证明书上的知识是正确的；反之，就说明书上的知识可能存在偏差、不科学。

读书的目的在于把它应用到实践中，在于指导人们的生活。读书如果不与实际相联系，就是毫无用处的。因此最行之有效的读书方法就是理论与实际相结合。

成功箴言：把所学知识应用到实践中去，是学习的最高境界。

6. 充分利用闲暇时光
—— 利用好生命中的每一分钟

著名文学家、思想家鲁迅先生曾经说过："时间犹如海绵里的水，只要你挤，总会有的。"

西点军校教导学生："如果能够养成珍惜每一分钟的习惯，我们每天就能够多挤出一个小时来学习。这样长年累月，就必定会达到我们想要达到的目标。"

18 世纪美国伟大的科学家和发明家富兰克林说过这样一句名言："你热爱生命吗？那么，请别浪费时间，因为时间是组成生命的材料。"

著名成功学大师海特斯·莱西曾经接到过一个年轻男孩的求救电话，他与那个渴望成功并请求他指点的男孩约好了见面的时间和地点。

男孩如约而至时，莱西的房门敞开着，眼前的景象令男孩颇感意外——莱西的房间里乱七八糟、一片狼藉。没等男孩开口，莱西就向他招呼道："你看我这太乱了，你在门口等我一分钟，我收拾好了，你再进来。"

说完，莱西就把房门轻轻地关上了。

一分钟之后，莱西打开房门，并热情地把男孩请进了客厅。这时，男孩看到了另外一番景象——房间内的一切都已经变得井井有条，而且还有两杯刚刚倒好的红酒，房间里弥漫着淡淡的酒香。

可是，还没等男孩把心里有关人生和事业的疑问讲给莱西听，莱西就客气地对他说："干杯，你可以走了。"

男孩拿着那杯酒愣在了那里，既有点尴尬又非常遗憾地说："莱西先生，我还没向您请教问题呢！"

"这些还不能说明什么吗？"莱西微笑着扫视着自己的房间，亲切地说："你进来已经有一分钟了。"

"一分钟？"男孩若有所思地说："我知道了，您是想告诉我一分钟能做很多事，可以改变很多事的深刻道理。"

莱西舒心地笑了。男孩举起酒杯，一饮而尽，向莱西道谢后，心情愉悦地离开了。

的确如此，只要利用好生命中的每一分钟，也就把握了自己的未来。

德国大诗人歌德说："如果我们能够用对时间，那么我们有的是时间。"

英国文艺复兴时期的大戏剧家、诗人莎士比亚，24岁时开始写作，利用20年的时间写了37部剧本，2部长诗，154篇十四行诗，给后人留下了丰富而宝贵的精神财富。他的剧本往往都是享有盛名的大作，在欧洲各国反复上演，近百年来被多次拍成电影播放。为了纪念莎士比亚诞生400周年，很多国家还发行了邮票。

莎士比亚被马克思称为"人类最伟大的天才之一"。莎士比亚确实很有天赋，谈吐得体，并具有良好的表演才能。但是，他的成功更多来自他的勤奋。莎士比亚曾经说过："放弃时间的人，时间也会放弃他。"因此，他非常珍惜时间，从不放弃任何闲暇时光。

少年时代，莎士比亚在一所"文学学校"上学，学校管理非常严格，因而他受到了很好的基础教育。在校的6年间，他硬是利用很多闲暇时光，阅读完学校图书馆里的上千册图书，还能流利地背诵大量的诗作和剧本里的精彩对白。

莎士比亚出生在一个比较富足的家庭，他从小就热爱戏剧。由于父亲是镇长，而且喜欢看戏，所以经常找来一些剧团到镇上表演。莎士比亚每次看得都很痴迷。平时，他会召集小伙伴们来表演剧中的人物和情节，从小就表现出了卓越的戏剧才能。

后来，父亲因投资失败而导致破产，12岁的莎士比亚被迫走上了独自谋生的道路。他当过兵、做过学徒、干过小工，还做过乡村教师等很多职业。在工作期间，他对各色人物进行了细致的观察，还记录下他们凸显个性的对话，这些都成为他日后的创作素材。

莎士比亚22岁时来到伦敦。出于对戏剧的强烈喜爱，便找到了在一家剧场里给贵族们牵马看车的工作。工作不久，为了去剧场观看演出，他就用之前挣来的钱雇了几个小孩来帮他完成工作。渐渐地，莎士比亚开始在演出中担任一些跑龙套的角色，这种转变使他感到万分激动，因为这样自己就可以在舞台上更近距离地观摩演员们的表演。

正当莎士比亚将要转为正式演员时，鼠疫开始在欧洲大肆蔓延，成千上万人为此丧生，剧场被迫关门。剧场的老板和演员们都外出躲避鼠疫，莎士比亚却在此时选择留在剧院。

在经济萧条的两年里，莎士比亚利用每分每秒的时间阅读了大量书籍，修整了自己各个时期的笔记和好几部剧本，并开始进行新剧本的创作。等到英国经济复苏，演出再次火爆的时候，莎士比亚的剧作一鸣惊人，他本人也由此成为最杰出的剧作家。

莎士比亚的成功，在于他懂得利用闲暇时间学习、思索和创作。他的剧作源于生活，并高于生活，不仅语言优美，人物个性鲜明，而且对白也极富韵律，使观众很容易生发出感同身受的情绪。他的成功与他珍惜时间的习惯是息息相关的，他是个不放弃时间的人，因此也必然会获得成功的青睐。

时间就是生命，它比金钱更珍贵。金钱只是一种符号，失去了还有机会赚回来，但是时间一旦流逝，就永远找不回来了。只有充分利用闲暇时光，充分把握发展自我的机会，善加利用每一分钟，才能在自己所在的领域有所建树。

成功箴言：我们要让每一分钟都有其存在的价值。

第十章

追求卓越
——全力以赴就没有什么不可能

1. 不放弃尝试就是在创造成功
—— 努力尝试就有成功的可能

在西点，无论什么时候，什么情况下，学员都是精神抖擞、斗志昂扬，没有丝毫的颓废之态。拿西点的橄榄球队来说，此球队一度战绩不佳，屡战屡败，但从校长、教练，再到球员，都有一种不服输、勇于尝试的精神。

他们通过不断接收新队员、替换教练、加大训练难度等尝试，立誓夺回冠军。所有队员在失败的时候都没有放弃过赢取胜利的梦想，都没有被屡次失败所击倒。相反，由于经受了多次失败的洗礼，他们越挫越勇，坚持不懈地尝试，最终夺得了冠军。

在人生旅途中，每个人难免会经历几次失败。但是生命中的每次失败，每个打击，都有其意义。所谓杰出的人，就是不断地迎接失败，不断地在一次次失败中站起来，不断地攀登命运巅峰的人。

著名诗人陆游就是一个不惧失败、努力尝试的人。

陆游成长在有着尖锐的民族矛盾、国势危急的战乱时期。陆游的父亲是一个具有爱国思想情操的知识分子。由于长期耳濡目染，陆游从小就建立了忧国恤民的思想和保家卫国的壮志。

为了给国家效力，陆游走上了科举这条道路。他在29岁的时候赴京赶考，由于排名在奸相秦桧的孙子秦埙之上，因此始终受着秦桧的打压。在此期间，陆游一直默默地忍耐着、等待着，直到秦桧死后，陆游才被任用。

后来因为他主战抗金，一直遭受朝中主和派的排斥。但他没有放弃，一有机会就去朝廷上书，提出很多抗敌救国的谋略和政治措施。即使一些权臣讨厌他，给他强加一些罪名，罢他的官，他也毫不畏惧。

6年以后，他成了主战派领袖王炎的下属。陆游来到前线，演兵习武，横刀立马，准备与敌人展开殊死搏斗。但是昏庸的皇帝又听信坏人谗言，把战斗主力王炎调回临安，陆游也被派往成都。虽然他杀敌报国的豪情壮志一次次地失败，但是他并没有因此而气馁。

在各个方面的重压之下，在无数的"不得志"面前，经历了几十年的风雨生活后，陆游把自己对祖国的热爱、对抗敌将士的景仰、对收复失地的信心、对中原父老乡亲的同情与怀念以及对投降派的无比蔑视与憎恨，转而写进了他的诗篇里。他慷慨激昂，唱出了那个时代的最强音，并流传百世，成为一名著名的爱国诗人。

俗话说："世上无难事，只怕有心人。"这个"心"，指的是恒心。有了恒心和毅力，不放弃尝试，就是在创造成功。如果没有恒心，遇到困难就轻言放弃，则将一事无成，即便是最容易的事也会变成难事。

自然界里有很多东西都是非常奇妙的，我们的好多行为往往可以在那里找到原型，同时也可以在那里得到一些启示，产生力量。就像小小的蒲公英，在充满生机的大地的召唤下，急不可待地挥洒着自己的能量，风赐予了它力量，它让自己努力地飞翔。无论前方有多大阻力，它并不让自己失望——因为它一直在努力尝试。

男孩们，向乐观的蒲公英学习吧！携带着自己的梦想，坚定自己的信念，努力地朝着成功的殿堂飞去。路途或许有些坎坷，道路或许有些漫长，然而那一路的美景也许就是不经意间的收获。相伴的浮云也会聆听它心灵的放歌，它在天空中飘过的那美丽痕迹，也会让更多的人惊叹它的坚定与执着。

1973年，比尔·盖茨和科莱特同是美国哈佛大学大二年级的学生。那时，他们刚开始"BY"软件系统的学习。盖茨却在此时劝说科莱特和他一起退学，共同开发"32Bit"财务软件。科莱特听后很惊讶，他认为想要开发那样的软件，不念完大学的课程是实现不了的，所以他婉言谢绝了盖茨的提议。

十年后，科莱特成为哈佛大学 Bit 方面的博士研究生，而盖茨则成为美国《福布斯》杂志亿万富翁排行榜中的一员。1992 年，科莱特继续攻读了博士后学位，而那一年盖茨的个人财产已经跃居美国第二。

三年后，科莱特认为自己已经具备了充足的学识，有能力从事"32Bit"的研究和开发了。而盖茨则绕过 Bit 系统，转而去开发 Eip 的财务软件，它比 Bit 要快 100 倍。也就是那一年，他成为世界首富。

比尔·盖茨的成功是基于他当时的选择和他为之付出的不懈努力。生活中，每个人都会时常面临着大大小小的选择，我们那时是否会有这样的勇气与坚定呢？很多人都不愿意尝试那些并非十拿九稳的事情，一直在积累铸造成功的砝码，力争让它重些、再重些，如同科莱特。殊不知天平那边的成功用"信心去尝试"也是可以创造出来的，并且那常常是理想与现实之间最短的线路。

不要再远远地观望，也不要继续摇摆不定，站在那"试试看"的跳板上，尽力展示自己的能量，也许你就会站在成功的领奖台上，即便结果不尽如人意，那也未尝不是一段美好的经历。

在我们还有选择的余地时，为了逃避一个可能的失败，往往会安于现状，放弃了一个个尝试的机会。因此，很多时候，男孩应该让自己尽量多去尝试，以毫不畏惧的心态向目的地前进！

无论有多么可喜的成功，尝试都是一块跳板。不要像战国时期的农民那样"守株待兔"，等待机会的来临；而应像苍鹰一般，在天空中不停地翻飞盘旋，执着地追求。因为勇敢地去尝试，就有成功的可能。

成功箴言：只要敢于尝试，即便失败了，你也可以获得接近成功的喜悦与经验。

2. 放手一搏就有胜利的希望
—— 进取心是强者的精神动力

西点人认为："任何事情只要自己认为是正确的，事前切勿有太多顾虑，重要的是拿出勇气，放手一搏。过分谨慎，反而难成大事。"

做任何事都不会轻而易举地取得成功，如果一遇到困难或失败就退缩了，那么何时才能看见成功的希望呢？

日本本田汽车创始人本田宗一郎创业的过程，可以说尝够了失败的滋味，一次次打击接踵而至，但是本田却从未因此而灰心丧气过。

在"好梦号"摩托车诞生以前，本田公司已经将高达4.5亿日元的资金投入到新机械的制造中。一家从家庭式工厂起步的公司如此大胆，至今想起来让人心有余悸。

购入大量新机械后，当然占用了大部分资金，但公司却没有什么业务，甚至连员工的薪水都发不出来，实在是狼狈不堪。本田深知肩上的担子有多沉重，于是，他把所有的希望都寄托在自己研制的"好梦号"摩托车上。

试车那天，"好梦号"终于成功了，本田和同事们紧紧地拥抱在一起，呼喊着，激动得泪如泉涌。"好梦号"成功了！这是本田公司第一辆由本田和河岛设计的真正的摩托车。新车虽然设计成功，但是销路不是很好，工人们大部分时间都无所事事，这让本田大为头疼。

但他不是那种畏惧困难的人。不久，在代代木公园举行摩托车大赛中，本田骑着自己的"好梦号"去参加比赛，他想以此来证明自己产品的优秀。

本田将摩托车开得狂驰如飞，遥遥领先，可是在急转弯的时候，被旁边的障碍物绊倒，人被甩出 10 多米远。在被人送往医院的途中，他还在喊："放下我，我还没比完赛呢！"

这样险象环生的车祸发生过不下四五次，但是本田从来没有被吓倒过。

1945 年，本田竭尽全力，使自己的摩托车取得国际比赛的参赛资格，结果还是被淘汰出局。

本田又用行动战胜了惨败带来的恐惧。七年后，本田放手一搏，"好梦号"终于在罗马大获全胜，囊括了大赛的前五名。"好梦号"在一夜间名声大噪，订单源源不断地涌来。不到五年，外销金额突破了 1 亿日元大关。

从此以后，本田成了媒介宣传的英雄。但他自己却说，他就是一个普通人，那种失败的滋味并不好受。

失败对于每个人来说都不好受，而唯一不同的是，本田有着强烈的进取心，即便是屡次失败也绝不气馁。

在通往目标的过程中，遭遇挫折和失败并不可怕，可怕的是因挫折产生的对撞击能力的怀疑。很多时候，只要有进取心，敢于放手一搏，就有胜利的希望。

敢于放手一搏的人往往不会输。"初生牛犊不怕虎"的蒙牛集团，刚开始选择的重点市场并不是家门口的内蒙古首府——呼和浩特，也不是首都北京，而是需要历经 3 300 千米才能将货送到销售点的深圳——改革开放的前沿阵地。

经销商之一的乌日娜在深圳起步时，都不知道"分销"为何物，但她凭借拼劲和闯劲，最终成为蒙牛经销商中的"三大闯将"之一。在接受《蒙牛内幕》媒体采访时，她讲述了自己的酸甜苦辣。

1999 年 4 月底，乌日娜给蒙牛集团总裁杨文俊和牛根生打电话，说要做牛奶销售。

那时市场不景气，伊利在深圳没坚持几天就失败了。乌日娜却对牛根生信誓旦旦地说："相信我，我一定能做好。"

5 月 8 日，乌日娜、牛根生和杨文俊三个人提着十多箱牛奶来到了深圳。第二天，大家分头去各个市场和超市买来各种品牌的牛奶，进行试喝，结果都感觉蒙牛口感最好，大家由此充满了信心。

一个月之后，乌日娜开始到各大商场和超市推销自己的产品。可是一提起内蒙古的产品，人们都不要，多数人都说，我们老板就喝澳牛、保利，不喝内蒙古的。

俗话说"万事开头难"，由于缺乏促销资金，乌日娜就通过做 T 恤、做广告、印发 DM 单（直接邮寄广告）、穿蒙古袍等方式进行促销。

不久之后，这些促销方式终于小有成效。沃尔玛当时要了 2 吨奶，可是没有送货的车，乌日娜就坐公车送，或是骑自行车送。

第一批 10 吨的牛奶，乌日娜没有全部卖出去，可是为了调动大家的积极性，她又进了第二批 20 吨的奶。

困难一个接着一个，乌日娜始终咬牙坚持。由于是先赊货后付钱，十几家分销商中，就有两家欠了将近 10 万元货款。有个被辞掉的经销商气急败坏地开车去撞乌日娜家的门。

刚开始做促销时，由于缺乏经验，乌日娜雇佣的促销员卷走了贷款。在住宅区内做促销时，还囤了不少货。七八月份，深圳时常下大雨，由于潮湿，箱底长了白毛，又损失了不少货。但是乌日娜并没有被困难吓倒，她从失败中总结经验、教训。

第一年下来，她超越了签订的 300 万元的合同，最终完成了 600 万元。第二年，合同一下就签订了个"天文数字"——3 600 万元。原先一批骨干听说这么大的合同后，都害怕担风险，纷纷离开了，最后只剩下乌日娜一个人。

3 600 万元的合同并不是神话，也没有难住乌日娜。一年后，她把"天书"做成了"地书"。乌日娜就是用这种拼搏、进取的精神打开了蒙牛在深圳的市场，将深圳战役演变成了传奇。

乌日娜的经历告诉我们，人生向来就没有真正的绝境。放手一搏，才会看见胜利的曙光。

如果你总是在绝望的边缘徘徊，那么请不要放弃，再给自己加把劲，也许就是最后的临门一脚给你创造出成功的奇迹。

成功箴言：成功的信念和积极的心态比什么都重要。

3. 做任何事情都要尽最大努力
—— 把事情当成事业来做

绝大多数人出生时的条件都大致相同，并没有太多的优劣之分。由于在成长过程中受到不同环境、不同人生经历的磨炼，带给大脑不同程度的刺激，人与人之间才产生了较大差异。

西点始终这样教导学员：不管做什么事情，都要竭尽全力地做好。以这样一种积极的态度去工作，你将取得出乎意料的良好效果。因此，西点学员们总是尽自己最大的努力，哪怕被迫去做一些乏味的事情，他们也会把它当成一项事业来做。

成功者与失败者，或者说富人与穷人之间的区别之一，在于对事情持有的不同态度：前者把事情当做事业来做，全身心地投入其中；而后者把事情就只当做事情来做，并非尽了最大的努力。

事情与事业，只差一字，却失之千里。两者在内涵、时间、空间以及性质上，都完全不同。以做事情的心态去工作的人，往往都会失败；而以做事业的心态去工作的人，往往容易成功。

有这样一则小故事，说的就是这个道理：

有三个农民一起进城找活干。在一个工地里，他们做了同样的工作——砌墙。

一位行人从这里路过，就问其中一个工人说："师傅，您这是做什么呢？"

"砌墙，"这个工人头也不抬地回答说。

他又问另外一个工人："您呢？在干什么？"

"赚钱，养家糊口。"第二个工人平淡地说。

他又问最后一个工人："师傅，那您干的是什么活啊？"

这个工人兴奋地说道："我在建造世界上最美丽的房子啊。"

若干年以后，前两个工人依旧在工地砌墙，而第三个工人成为了国内著名的建筑师。

如果只把事情当做事情来做，你就看不到事情与事业之间千丝万缕的联系。事情与事情之间，是相互孤立的、琐碎的、繁杂的。认真、有责任心的人会把事情做得更好、更出色；马虎、没有责任心的人，就连简单的事情也做不好，草率了事，把事情看成一种不得不做的麻烦事。

如果把事情当做事业去做，就会把事情与事业联系到一起。拓展事情的发展空间，就会设计未来，把每天所做的事情当成一个循序渐进的过程，因而会将小事做大，逐渐地发展成为事业。

大多数打工者都有这样一种心态：自己只是一名小员工，因而只做与自己职责相关，并与自己所赚得的薪水相匹配的工作。以这样一种心态定位自己，使得你不想多干一点分外的工作。甚至会以老板苛刻为由，连自己分内的工作都不认真去做，敷衍了事，偷懒度日，被动地应付上司分配下来的工作。

结果几年之后，除了那点薪水，你一无所获。甚至还会因工作的态度不积极，连自己的工作都保不住。如果始终抱着这种心态工作，你就只能永远都是个打工者，永远过着怨天尤人的贫穷生活。

如果你把自己当成老板来完成工作，那么你就会从全局的角度来考虑问题。首先看看这份工作在整个工作链中处于什么样的位置，然后你就会找到做这个工作的最佳方法，最终会把工作做得更加圆满和出色。

如果以这种心态做事，你就不会拒绝上司分配给你的工作，反而你会认为这是表现自己工作能力的大好机会。有了这种心态，你会因出色的工作而使老板给你加薪。即使没有加薪，你也会因纵观全局的领导能力成为重点培养对象，从而为将来创业打下坚实的基础。

2002 年，刚刚三十出头的卫哲任职英国翠丰集团百安居的中国公司总裁，此集团公司为世界 500 强之一，而且是欧洲排名第一的零售业巨头。

2004 年，在卫哲的领导下，百安居将另一家世界 500 强——欧倍德兼并，成为中国建材零售业的"领头羊"。这次并购事件完成之后，卫哲也被推到了幕前。

从普通员工、部门主管、总监到副总裁，再到总裁，卫哲几乎走完了很多人一生都难以到达的台阶。在走过的路程中，卫哲并没有"直升机"可乘，他坦言脚踏实地、尽自己最大努力是唯一的要义。

卫哲谈到自己的第一份工作时说："当时老板也没有分配给我多么复杂的工作，就是翻译个年报、剪剪报纸之类的。但是你要多动脑筋，观察他看过的那几篇，就要朝这个方向引导，结果到后来他不看我的剪报，中午都吃不下饭。"

助理的工作比较烦琐，但是卫哲却做得与众不同。比如对待文件传阅这份工作，一般的助理就会按照时间先后顺序，放到老板的桌子上；而卫哲会按照自己会意的重要性来排好顺序，并且找出文件之间的关联性，并把内容有相关联系的文件放到一起。

其实不这么做，老板也不会认为卫哲做得不好。但是如果站在老板的角度，而不是助理的角度来整理那些文件，把这件事情当成事业来做的话，你也会从中学到一些管理者的经验。

把工作当做事业来做，你就会发现自己所做的是一件多么有价值、有意义的事情，并且从中可以增加使命感和成就感，从而彻底改变自己浑浑噩噩的工作态度。因此，想要在工作中获得乐趣，并取得成就，就要像卫哲那样，把工作当成事业，而不是当做一种乏味、单调的苦差事。

男孩们，在日常的生活和学习中，不要小看每一件小事，即便是最普通、最简单的事，也要全力以赴、尽职尽责地去完成。能够顺利完成小任务，有利于增加自己完成大任务的信心，进而一步一个脚印地向上攀登，最终必然会迈向成功的彼岸。

成功箴言：全力以赴地去做每件事，你将获得意想不到的收获。

4. 不要怕有疯狂的想法

—— 无畏是一种强大的力量

西点军校有一句名言："合理的要求是训练，不合理的要求是磨炼。"不管是多么严峻的训练，在西点人眼中都是"勇敢者的游戏"，只有凭借着无畏的勇气，才能克服这些考验。

在培养勇气方面，西点有其独特的方法。教官知道学生们有一种理性克服恐惧的方法，他会故意加重学生的焦虑。没有恐惧，勇气就培养不出来。如果你忍受不了而选择逃避或是放弃，你就是一个逃兵，是一个胆小鬼，你就必须离开。因为西点需要的是勇者和荣誉，而不是逃兵，世界一向只给无畏的人让路。

约翰是一个世界500强企业里非常普通的一名职员，却在40岁的不惑之年，冒出了一个疯狂的想法，并为之付出行动。他放弃了薪水优厚的工作，把身上仅剩的几美元捐给了街边的乞丐，只带了几件换洗衣裤，从自己的老家——阳光明媚的加州出发，靠搭好心人的便车，穿越美国东西部，到达东岸一个叫做"恐怖角"的地方。

他之所以会有这样疯狂的想法，完全是由于自己精神处于即将崩溃的边缘。虽然他有稳定的工作，温柔贤惠的妻子以及和蔼可亲的父母，但他发现自己这辈子从来就没有做过特别有成就感的事。平淡的人生从没有高峰或谷底，他认为自己的前半生就是在懦弱中虚度了。

他选择北卡罗来纳的"恐怖角"作为目的地，是想以此来证明他要征服生命中所有恐惧的决心。为了检讨自己的懦弱，他很坦诚地为自己的"恐惧"开出了一张清单：从小时候开始，他就怕保姆、怕邮差、怕小动物、怕黑、怕热闹又怕孤独、怕失败又怕成功……在这个世界上，好像就没有他不怕的东西。唯一"勇敢"的一次，就是他当众向妻子求婚的那一刻。

这个40岁的男人在上路前居然还接到母亲写给他的纸条：你在路上会被人杀掉。但是他成功了，2 000多千米路、76顿饭，仰赖85个陌生人的好心。身无分文的约翰，从没接受过别人施与的金钱，在狂风暴雨中睡在潮湿的睡袋里，风餐露宿根本不值得一提。

他在路上碰到过精神病患者的骚扰，遇到过几个怪异诡秘的家庭，甚至有时还会觉得某人像杀人犯和银行抢劫犯。

经历过这无数的"恐惧"后，约翰终于到达了"恐怖角"，同时他收到了妻子寄给他的信用卡。他不是为了证明金钱没有用，而是想用这种平常人认为"疯狂"的艰辛旅程，使自己克服所有恐惧。

让约翰意想不到的是，"恐怖角"并不恐怖，其实这个名字是一位探险家给取的，本来叫"Cape Faire"，而被讹写成"Cape Fear"，是一个失误。

约翰终于明白："这不恰当的名字，如同我的恐惧一样。我现在明白自己一直害怕做错事的原因了，我最大的耻辱并不是害怕死亡，而是恐惧生命。"

地位、名誉、鲜花和财富，这种种美好的事物都是给富于勇气的人准备的。一个被恐惧控制的人是无法成功的，因为他不敢体验新事物，不敢争取自己渴望的东西，自然也就与成功离得越来越远。胆怯和逃避是毫无用处的，只有努力突破自己的心理防线，才能战胜恐惧。

很多时候，恐惧就像一道虚掩的门，你完全没有必要害怕，那扇门只是虚掩着而已。很多人都会对"不可能"有种恐惧，绝不敢越雷池半步。因为太难，所以畏惧；因为畏惧，就根本不会尝试，不但自己不敢尝试，觉得别人也不可能做到，其实事实并非如此。

1965年，一位韩国留学生到英国著名的剑桥大学深造，主修心理学。他经常有意去学校的餐厅或咖啡厅听一些成功人士聊天。他们中有诺贝尔奖获得者、取得学术权威的人和一些创造了经济神话的成功者。这些人诙谐风趣、处事低调，把自己的成功都看成是件顺理成章的事。

时间长了，这个留学生慢慢地发现，自己被国内的那些成功者给欺骗了。那些人为了让正在努力追求成功的人知难而退，普遍地夸大了成功之前所付出的艰辛。而这种现象虽然在亚洲甚至是世界各地都普遍存在，但直到这位留学生明白之前，还没有人勇敢地提出来并加以研究。

于是，经过五年的分析研究，这位留学生把《成功并不像你想象的那么难》写成了毕业论文。现代经济心理学的创始人威尔·布雷登教授看过这篇论文后，非常惊喜，并把这篇论文寄给了他的剑桥校友——当时的韩国总统朴正熙，并在信中说："我不敢说这部著作式的论文会帮上你什么，但是我相信它会比你的任何一个政令产生的震动都大。"

在追求成功的道路上，内心的恐惧总会对你说："算了吧，你很难办到。"消除这种恐惧的办法就只有一个，那就是努力向前冲。如果对某件事物心怀恐惧，那就更应该强迫自己去直面它。这样的话，当你以后遇到更难的事情时，就不会那么胆怯了。

有人说，天才不敢走的路，傻子一步就跨越了，这大概就是"傻人有傻福"的来历吧。相反，那些不会在困难面前思来想去的人，更能够勇往直前，这就是"无畏"产生的巨大能量。

平时人们总会有这样的感觉：几乎每个成功者心里都有很多苦水。但是当泡泡网的总裁李想被问到诸如创业过程中碰到的困难，公司在发展中遇到的瓶颈等问题时，他的回答只有两个字——没有。

李想说："我没有遇到什么困难，或者说，我一直认为遇到困难是很正常的，所以就要积极地去面对困难、解决困难，而不是一味地逃避。"

泡泡网在2003年的时候经历过一次人事动荡，当时大部分员工都离职了，有人说李想完了，泡泡网要关门了。对此，李想后来是这样说的："我觉得没有什么难和不难的，当时就是要想怎样解决眼下的问题。所以我要做的就是赶快调和，另外就是抓紧招人并进行快速培养，最后，我们只用了一周的时间就渡过了那个难关。回过头来看，自己确实缺乏足够的管理经验，总是把自己的想法强加于人，才造成了那样的后果。但是如果说它是危机之类的东西，我倒并不认同，困难克服了也就过去了。现在公司的离职率很低，而且到目前为止，还没有高层离职的现象发生。"

这位身家上亿的年轻总裁就是这样把困难"打发"过去了。

17 世纪法国古典作家拉罗什富科说："无畏是一种杰出的力量，它使灵魂超越那些苦恼、混乱和面对巨大危险可能引起的情感。正是靠这种力量，英雄们在那些最突然和最可怕的事件中，也能以一种平静的态度支持自己，并继续自由地运用他们的理性。"

成功就如攀登铁索，之所以会失败，不是因为智力低下，不是因为力量不足，而是因为威慑于环境，被周围声势吓破了胆，或者被黎明来临前的黑暗所吓坏。

成功其实并不像人们口中所说的那样困难，很多情况下，并不是因为事情太难我们无法做，而是因为我们被潜意识中的假想敌所打败，还没有做就因畏惧而撤退。

世界上有很多东西，很多事情，你越是觉得难，它就越像大山一样把你活活压垮，假如你不把它放在眼中，也许早就"轻舟已过万重山"。

成功箴言：只要你勇敢地向前冲，再疯狂的想法都有可能实现。

5. 成功就是比别人多努力一点点
—— 拿出200%的努力对自己

西点人认为，通往成功的捷径，就是对自己所追求的事业毫无保留的努力。

天才的标志是在做每件事时，都会付出200%的努力。之所以称其为天才，也许开始是因其有先天的优势，但是没有一个天才是不靠后天的努力来捍卫这个称号的。正是因为有这样的压力，才会有加倍努力的动力。这种动力就要求他们在做每件事的时候，都能竭尽全力并力求完美。

放眼望去，不管是哪个领域，只要是著名的成功者，对自己的要求都是非常苛刻的。因为他们明白，只有比别人多努力一点，多付出一点，才会换来辉煌的成功。

卡洛斯·桑塔纳是世界著名的吉他大师。他在墨西哥出生，7岁时，随父母移居美国。刚开始，他的学习成绩非常糟糕。

有一天，教美术课的老师把他叫到办公室，说："我刚才看了一下你到美国后的成绩，除了'刚好及格'就是'不及格'，但是你的美术却得了很多'优'，我认为你有绘画的天分，而且我相信你还是个音乐小天才。如果你有成为艺术家的梦想，那么有机会我会带你去旧金山的美术学院参观一下，这样你就懂得你现在面临的挑战了。"

不久，克努森，也就是桑塔纳的美术老师带着全班同学去美术学院参观。在那里，桑塔纳看到了别人是怎样作画的，深刻地感受到自己与他们之间的巨大差距。

克努森先生对他说："不思进取、浑浑噩噩混日子的人，是进不了这里的，你要拿出 200% 的努力，无论你做什么或是想做什么。"

克努森的一番话对桑塔纳的影响很深，并成为他永久的座右铭。

2000 年，桑塔纳以《超自然》这张专辑，一举荣获了 8 项格莱美音乐大奖。

男孩们，如果你们想有所成就，那么该花心血的时候，就一定要全身心地投入，要竭尽全力地付出，相信自己的选择，不断地努力，这样的人生才会更有意义。至于该怎么努力，就需要把自己的眼光放长远，不能成为"井底之蛙"，给自己的未来五年或是十年做个规划。还可以去看看那些成功者和身边比你强的人都在做什么，你就知道自己该如何努力了。

倘若你对自己都是马马虎虎、不负责任的态度，那么对待别人就可想而知了。这样，很容易失去别人对你的信任。不管是谁，都必须学会拿出全部的精力对自己。

很多企业在年底的时候，都会要求职员们写一份年终总结报告。普通职员李丽所在的企业也不例外。

多数人往往把上级分配下来的这个"年终报告"任务讽刺为最大的形式主义，但是，李丽却不这么认为。她觉得自己在这一年的工作中，有很多感受，也学到了很多东西，想借此机会表达一下，并提出自己的建议和对公司前景的设想。于是每天晚饭后的第一件事，就是坐到电脑前准备材料，绘制图表。

公司其他员工知道后，都说她认真得有点"傻"。

交年终报告的时间到了，李丽把自己精心制作的，如同杂志般的年终总结送到了老总的办公室。

三天后，老总把李丽叫到办公室，说："你的报告我已经看三遍了，发现你看问题的角度很准，而且思路清晰，设想也很有创意。"

第二年，李丽被升职为其所在部门的经理助理，后来升为副经理，不久后，便被提拔为部门经理。

就这样，公司里最"傻"的员工走上了事业成功的高速公路。

"希尔顿钢板价值说"在经济学上非常有名，内容是：一块普通钢板的价值是 4 美元；如果把这块钢板制作成马蹄掌，它就升值为 10 美元；如果制成钢针，就值 3 550 美元；如果制成手表的指针，价值就飙升至 25 万美元。

其实这个理论告诉我们的是：口含"金钥匙"出生的人寥寥无几，绝大多数人都出生在普通的家庭，其中还有不少人资质平平，相貌一般，就像一块普通的"钢板"，只值 4 美元。

然而，有些普通的"钢板"，通过后天的努力，使自己变成了"马蹄掌"，价值翻了一倍还多；还有的经受了更多的磨炼后，成为了有更高价值的"钢针"；而那些经受了屡次残酷打磨、多次重重敲击的人，最终成为"手表指针"，将自己的人生价值提高了不止千百倍，成了一个具有高附加值的人。

如果你想得到 100 分，就要做 100 件事，也许前面所做的 99 件事都看不到一点成效，但是你只要坚持下去，完成最后一件，事情也许就会峰回路转。成功者往往就是比别人多努力一点点。

俗话说"万丈高楼平地起"，但平地而起的高楼是需要坚实的基础的。在建筑深圳的"地王大厦"之前，要先向下挖出五层楼高的大坑，然后再通过打地桩和层层的累积，我们眼前才会出现这栋耀眼的大厦。

一个人要想取得成功也是同样的道理，成功者靠的不是幸运和机会，而是一点点累积的成果。李嘉诚在成为香港地产大王之前，是 个从事塑料花行业的小工人，但是他并未因此而自暴自弃，反而更加努力地工作，多次出色地完成领导分配的任务，最终使他脱颖而出，最后，自然而然地取得了成功。

成功是什么？成功是一种超越自我的渴望。成功就是别人付出 100% 的努力，而我们付出 200% 的拼搏精神。在这个竞争如此激烈的时代，不管做什么事情，都要付出 200% 的努力，这是你取得成功的唯一出路。

成功箴言：多努力，多付出，是取得成功的唯一捷径。

6. **再坚持一下就能成功**
—— *凡事坚持，就有了赢的姿态*

每个男孩都可以成为众人眼中的优秀者，只是方法和途径不尽相同。但是有一点却是所有优秀男孩共同具备的：坚持不懈的进取心和百折不挠的奋斗精神。

当成功与失败的比例是 3∶7 的时候，坚持的时间越长，成功的机会就越大。凡事坚持不懈、百折不挠，就有了赢的姿态。在成功的道路上，如果你没有恒心和毅力等待成功的到来，那么你就只能用一生的耐心去迎接失败。

西点军校著名学员戈瑟尔斯曾经说过："能够多坚持一分钟，是强者和平庸之辈的分水岭。"

费恩是一个年过花甲的老人，可是他不愿意在家安享晚年，他自己经营着一家公司，于是每天都会去公司转转。他有个非常奇怪的习惯，就是喜欢趴在门缝或是在窗口看员工们在干什么，甚至会不敲门就闯进去，员工们都为此感到很尴尬，可是他却会爽朗地大笑。

他对员工很和善，很友好。哪位员工的工作没有做好，他会走过去说："别灰心，伙计，再坚持一下就一定会成功。"然后拍一拍这位员工的肩膀。就这样，大把的钞票流进了老费恩的口袋。

有一天，公司新产品研发部主管杰克来到他的家里。他进入房间，发现暗红色的地板一尘不染，室内被收拾得井井有条，老费恩坐在办公桌前，他的孙子在旁边的小书桌上写作业。老费恩非常疼爱他的孙子，可是令他头疼的是，小费恩对什么都感兴趣，就是不爱学习。

　　杰克心想，这个老头怎么会拥有这么多的财富啊，我要是能住上这么大的房子就好了。杰克这次是为新产品研发的事情而来，他对费恩说："董事长，非常抱歉，这次的研发又失败了。"

　　老费恩亲切地说："别着急，先坐下再说。"他指了指旁边的椅子，"遇到什么困难，坚持一下，就过去了。"

　　杰克沮丧地说："都失败100多次了，我实在是没有信心了。"

　　费恩笑着说："小伙子，别灰心啊，我让你当这个部门的主管，就相信你有这个实力。"

　　杰克觉得自己实在无能为力，只能说："那您换个人吧，我已经尽力了。"

　　老费恩往椅背上靠了靠，说："你先听我讲个故事吧。在我26岁的时候，还是没有什么成就，我就不断地告诉自己一定能够成功。三年后，我终于研制出了一种新型的节能灯。但关键是要把它推向市场，可是我那个时候还没有足够的资金。后来，我说服了一位银行家，他答应给我投资。可是这个消息传出去后，受到了别家灯具公司的极力阻挠。

　　然而不幸的是，我当时生了病，医生要求我住院治疗。这时，其他灯具公司就联合登报，说我得了不治之症，活不了多长时间了，投资节能灯是为了骗取银行家的钱而已。更糟糕的是，这位银行家听信了他们的谗言，撤销了这次投资计划。这对于我来说，无疑是雪上加霜。

　　我只好恳求医生陪我去见银行家一面，医生被我的执着打动了，答应了我的要求。在那位银行家面前，我表现得很坚强：'先生，您难道还相信报纸上的消息吗？'我摆了个非常潇洒的姿势。他看到我的精神状态这么好，就有些动摇，最后我又说服了他。可是他刚走出门口，我就瘫倒在地，医生立刻把我送到医院。就这样，我才有了今天的一切，你现在还要放弃吗？"

　　这时，他的孙子小费恩说话了："爷爷，我明白了，我明天还要继续给玛丽写信。虽然她已经拒绝我25次了，可是我会坚持下去的。"说完，手舞足蹈地拿着作业本出去了。

这时，老费恩和杰克都禁不住哈哈大笑起来……

大哲人荀子说："骐骥一跃，不能十步；驽马十驾，功在不舍。"这充分地体现了坚持的重要性。骏马很强壮，腿力也非常强健，但是它跳一下，最多也就十步远，这就是不坚持的结果；相反，如果一匹不是十分强壮的马，坚持不懈地一直走，也会赶上那匹骏马。

如果不坚持到最后一步，往往只会功亏一篑。

1905 年，成功横渡拉芒什海峡（也就是英吉利海峡）的洛伦丝·查德威克，名声大噪。两年后，她想再创从卡德那岛游到加利福尼亚海滩的世界纪录。

那天，天公不作美，海上弥漫着厚厚的浓雾，海水冰冷刺骨。经历了15 个小时的漫长漂游后，查德威克已经筋疲力尽，嘴唇冻得发紫，而且浑身瑟瑟发抖。

她抬头眺望，却只看见茫茫雾霭，根本看不到海岸。看来这次没法游完全程了，她想到这儿，身体立刻就瘫软下去。

"把我拉上去吧。"她挣扎着对陪伴在身边的小艇上的人说。

"咬咬牙，再坚持一下，马上就到了，只剩下一英里的路程了。"小艇上的人给她打气道。

"别骗我了，如果就剩一英里，我应该能看见海岸才对。快把我拉上去，快点。"

小艇上的人看她执意不肯再游，只好把她拉上去了。小艇开足马力，载着她向前飞驰。就在她裹着毛毯喝杯热水的功夫，褐色的海岸线已经从浓雾中呈现出来，她都能隐约看到海滩上呐喊助威、等待她的人群。这时，她才明白，艇上的人确实没有骗她，她距成功只有一英里的距离。

人常说"行百里者半九十"，最后的一段路，往往是最难跨越的门槛。在生活或工作中，每个人多多少少都会碰到一些极限环境。有时候就需要一点点的坚持，一点点的努力，成功就能触手可及。

要获得成功，总是需要花费时间的，因此，坚持就显得尤为重要。有的男孩能够取得成功，只是因为他比别人多坚持了一下；而那些失败的男孩，往往是因为他们没有坚持到最后。

20 世纪美国的成功学大师卡耐基说过："朝着一定目标走去是'坚'，一鼓作气途中绝不停止是'持'。一切事业的成败都取决于此。"

所以，如果你想达到目标，就要坚持到底。凡事有了坚持，就有了赢的姿态，就能够抓住成功的尾巴。

成功箴言：坚持到底的恒心是一个成功人士成长的重要条件。

7. 只有更好，没有最好
—— 成功者永不满足

西点前学员团团长麦康尼夫说："闲暇时光如果不用来读书，以积累发展自我的能量，而在无所事事中任其流逝，是非常可惜的。"西点军校的训练是循序渐进的，在难度不断加大的训练科目里，学员的素质也得到了不断提高。

西点要求学员永远向着更高的目标前行，永远不要停止前进的步伐。西点盛行这样的口号："没有最好，只有更好。"

一个人一旦对自己目前的成就感到满足，就失去了前进的动力，不会再去追求更高的目标。而不前进就意味着后退，就可能被淘汰。人一旦停止前进，便会被别人无情地赶超。

"如果你们认为自己已经做得足够好了，那么，微软离破产就不远了。"这是比尔·盖茨时常训诫员工的话。虽然听起来有点耸人听闻，但是，细细品味，确实发人深思。

查理入职麦克森公司三年后，并没有接到续约的通知，反而收到公司解雇的通知。查理对此非常不理解，自从进入这家公司后，他始终中规中矩，与上司和同事之间的相处都很和谐，也从不得罪人，应该说，他是一个称职的员工，可为什么还是会被解雇呢？

他非常不甘心，跑去找经理询问原因，经理对他说："你确实很称职，但这是远远不够的，我们需要的是在这个岗位上能够创造更多价值的优秀员工。"

查理的遭遇说明，每个公司都需要大量的、可以创造更多价值的员工，而不是那些碌碌无为、不思进取的人。

满足现状很容易变成温水里的青蛙，危险来临时依然浑然不觉；永不满足是向上的车轮，也是刺激事业成功的动力。

在你现在还是男孩的时候，如果因为取得了第一，就认定成功对你而言轻而易举，并由此心满意足的话，这无疑是在成功的道路上人为地制造障碍。也因为这个原因，人们常感叹："10 岁神童，15 岁才子，过了 20 年只是平平凡凡的人了。"

贫困之人往往能白手起家，而腰缠万贯的富二代们总是家道中落。由此看来，由于条件、成绩比他人好而裹足不前的人，就如没有上发条的钟表一般，毫无动力可言。

有位母亲就对自己的儿子上紧了发条，她说："你非常优秀，但是如果你不做出一番事业来证明你的优秀，那你跟其他人就没有任何差别！"

大凡出类拔萃之人，从不把成就视为一个固定的终点，而是不断向未来挺进，不断应对新的挑战。

男孩不应该把自己的人生志向放在拿第一上，也不应该只放在超越别人上，而是要不断超越自己，刷新自己的纪录，用今天更好的成绩凌驾于昨天的成就之上。

首度晋升为国际羽联超级系列赛 5 项"大满贯"赛事的中国羽毛球公开赛，于 2011 年 11 月 28 日在上海落下帷幕，我国选手林丹夺得男单冠军。

此次比赛的焦点集中在男单对决。在半决赛中峰回路转，打败马来西亚名将李宗伟的林丹，以 2 : 0 的优势，又战胜了中国新星谌龙，勇夺头魁。林丹曾四次在中羽赛男单比赛中捧杯，而谌龙是上届比赛的冠军。

中国羽毛球队总教练李永波激动地说："中国队圆满完成了这次比赛任务，同时也完成了奥运会的积分任务。"

谈到男单之间的激烈竞争，李永波说："李宗伟是个不容忽视的竞争对手，但是和林丹相比，无论是技术和战术的合理运用还是在赛场上步伐移动的巧妙性，林丹都是略胜一筹的。"

其实，林丹和李宗伟的实力不相上下，但是为什么林丹可以屡屡获胜呢？其实，这里面也包含着一种精神。

赛后，记者问林丹对成为"世界最佳选手"有何感想时，他说："根本不存在最佳，我从来不认为有最好的运动员，只有更好的运动员。"

正是这种永不满足的态度，才使林丹在体育界、在羽毛球界能够屡屡夺冠，冲出亚洲，走向世界。

随着岁月的慢慢流逝，所有事物都会不断折旧，人们赖以生存的知识、技能也逃不出这种自然规律。唯有虚心学习，永不满足，不断进步，才能够掌握未来。

在西点毕业的晚间新闻主播彼得·詹宁斯，当了三年主播后，作了一个令人震惊的决定——毅然辞去了让人羡慕的主播的职位，决定到新闻第一线去磨炼自己的工作技能。通过几年的历练后，他才重新回到主播的工作岗位上。

尽管彼得当时已经是很著名的主播，但他依然不满足，并将自己置身于一线环境之中，让自己受更多的磨炼，也让自己成长得更快。再次回到主播的岗位，他做得比之前更加出色。

虽然说西点学员是在最好的军校受训，但是他们内心仍然充满了危机感。不被社会认可，或是被无情淘汰，这些不仅是学员自己无法忍受的，同时也是西点军校不能接受的。因为，西点只代表着成功与进步。

每个人的身上都蕴涵着无限的潜力，如果你在心里给自己定一个较高的标准，激励自己不断超越自我，那么你就能从平庸走向卓越。

彼得是安联保险公司的一名普通业务员。一次，他在公司的培训课上记住了这样一句话：每个人都拥有超出自己想象十倍以上的潜能。

在这句话的鼓舞下，他反省了自己以前的工作态度和方式，发现自己错过了很多可以和客户签单的机会。

于是，他制订了详细的工作计划，并在每一天的工作中严格加以实施。三个月后，他的业绩增加到以前的两倍之多。

几年之后，他拥有了一家属于自己的公司，在更大的舞台上验证着这句话。

在面对激烈竞争的时候，每个人都不应该满足现状，要不断地超越平庸，追求完美。事物永远没有最好的时候，我们只有努力把它做到第一，才是真正的成功。

成功箴言：摒弃自我满足感，不断地超越自我，是成功人士的终身承诺。